Fondate
psycholo
première ... ation à l'EFT,
Jean-Mic... Gurret est inscrit au registre des psychothérapeutes*. Il est également l'auteur de plusieurs livres, conférencier et formateur certifié en EFT (*Emotional Freedom Techniques* – voir p. 8).

Formé à la psychopathologie au sein de l'AFTCC (Association française des thérapies cognitivo-comportementales), il est l'un des rares formateurs à pratiquer l'EFT au sein d'une institution psychiatrique en plus de sa pratique en cabinet.

Il est le premier Français à être certifié par l'ACEP (Association américaine de psychologie énergétique) pour sa maîtrise de cette pratique. Il contribue largement au développement de cette technique en France et dans le monde, notamment en Haïti au cours de missions humanitaires bénévoles, en accompagnant des milliers de patients et de stagiaires.

Retrouvez son actualité sur **www.gurret.fr**.

---

* Selon la loi n° 2004-806 du 9 août 2004 et le décret n° 2010-534 du 20 mai 2010 relatif à l'usage du titre de psychothérapeute et notamment ses articles 7, 16 et 17, modifié par le décret n° 2012-695 du 7 mai 2012.

DU MÊME AUTEUR, AUX ÉDITIONS LEDUC.S

Je maigris durablement avec l'EFT, 2019.
Je m'initie à l'EFT, guide visuel, 2018.
Je gère mieux mes émotions avec l'EFT, c'est malin, 2018.
Finis les chagrins, les peurs et les colères avec l'EFT, 2016.

Maquette : Emilie Guillemin

Illustrations : Fotolia, Delétraz (p. 47, 48, 72-74, 95-100, 116-118), Patrick Leleux PAO (p. 57)

Septième impression (février 2019)
29 boulevard Raspail
75007 Paris – France
ISBN : 979-10-285-0017-7
ISSN : 2425-4355

C'EST MALIN

JEAN-MICHEL GURRET

MIEUX VIVRE AVEC L'EFT

Inclus : 10 vidéos de démonstration ! Rendez-vous à la dernière page !

POCHE
LEDUC.S

Avertissement de l'auteur

L'EFT ne peut et ne doit pas se substituer à un traitement médical. En cas de fragilité psychologique extrême, de difficulté ou de doute, aussi petit soit-il, je vous conseille vivement de vous faire accompagner par un professionnel reconnu. Dans tous les cas, vous ne devez pas interrompre un traitement médical, même si vous vous sentez mieux, sans l'avis d'un professionnel de la santé, et notamment le médecin qui vous a prescrit le traitement.

SOMMAIRE

À ma fille, Noémie.

À tous les enfants sages
et surtout pas sages.

À l'enfant qui réside en nous
et qui parfois souffre encore.

Puisse cette méthode qu'est l'EFT
vous apporter bien-être et douceur.

INTRODUCTION

BOOSTER L'ESTIME DE SOI ET GÉRER SON STRESS, EST-CE POSSIBLE SANS COACH NI PSY ?

Oui, absolument, sans aucune hésitation ! Il est tout à fait possible de vous libérer vous-même de tout un tas de problèmes quotidiens, sans l'aide de quiconque. Vous pourrez ainsi, petit à petit, commencer à vous apprécier plus, à vous sentir plus à l'aise dans vos baskets, plus calme dans les situations de la vie courante aussi bien au travail qu'en famille. Je vais même aller plus loin : **il est indispensable que vous repreniez par vous-même le contrôle de vos émotions et de votre stress afin d'optimiser votre estime de vous-même.**

La méthode que vous allez découvrir dans ce guide, je l'ai expérimentée avant vous et si elle m'a conquis dès le départ, c'est en raison de son extraordinaire efficacité. Il y a une dizaine d'années encore, j'étais incapable de parler en public, je ne me sentais « pas à la hauteur », je doutais de l'avenir. J'ai multiplié le nombre de stages de développement personnel afin « de libérer ma puissance intérieure », « d'attirer le succès dans ma vie », « d'apprendre à parler en public », et j'ai chez moi depuis toujours une collection impressionnante d'ouvrages et de DVD sur le sujet. Mais malgré tous ces efforts, je continuais à me sentir mal à l'aise dans les situations sociales, tout particulièrement quand il s'agissait de me mettre sur le devant de la scène. Et puis j'ai rencontré l'EFT (*Emotional Freedom Techniques**), cette méthode venue des États-Unis et arrivée en France au début des années 2000 et qui, combinée à d'autres outils tels que la PNL**, l'hypnose et la cohérence cardiaque***, a radicalement transformé

* « Techniques de libération émotionnelle ».

** PNL (programmation neuro-linguistique) : thérapie brève visant à favoriser la communication entre les individus, l'estime de soi et les comportements de réussite.

*** Cohérence cardiaque : état cardiaque spécifique que l'on obtient par des exercices respiratoires et ayant de nombreux effets positifs sur la santé et le bien-être.

ma manière de me sentir en public et en société. Aujourd'hui, j'anime des formations ou des conférences et je me surprends encore à y prendre un réel plaisir. L'angoisse implacable du passé a laissé place à la joie du partage. Et vous aussi, vous pouvez y parvenir.

COMMENT CE GUIDE PEUT-IL VOUS AIDER ?

Vous allez apprendre, grâce à ce petit guide malin, à **vous libérer des souvenirs douloureux et des croyances négatives qui limitent ou annihilent l'estime que vous vous portez.** Vous trouverez des dizaines de bons conseils et d'astuces à mettre en place tout de suite et au fil du temps pour améliorer progressivement l'image que vous avez de vous-même, mettre l'accent sur vos réussites, grandes et petites, calmer vos angoisses et apprendre à retrouver votre calme.

Ce livre vous propose de vous poser, de faire un bilan de votre vie et surtout d'apprendre à vous déculpabiliser. Nos pensées et nos actions d'aujourd'hui sont le résultat de notre programmation et de notre éducation dès notre plus jeune âge. Les progrès incroyables des neurosciences durant ces quinze dernières années nous montrent que 95 % de nos pensées – donc de nos comportements qui en découlent – sont inconscientes et proviennent de cette programmation. Ainsi, seules 5 % de nos pensées sont conscientes. Dans bien des domaines, nous passons donc 5 % de notre temps à décider des choses et 95 % à faire le contraire. Par exemple, je décide de lire un livre pour booster ma confiance en moi, je prends de bonnes décisions, je me dis à moi-même que je suis quelqu'un de bien, et patatras ! dès que je me retrouve face à un groupe et que je dois prendre la parole, je me sens nul(le), je bégaye, je rougis, je transpire à grosses gouttes et je réagis en fonction de ce que me dicte mon inconscient. Et finalement, je me dis que je n'y arriverai jamais et que je suis « fabriqué(e) » comme cela...

Dans cet ouvrage, je vous propose d'utiliser l'EFT pour changer votre programmation initiale afin d'**adopter un nouveau mode de vie qui convienne à vos valeurs et à vos envies**. Je vais vous montrer comment changer votre vie sans toutefois faire des efforts insurmontables.

Si vous avez déjà lu *L'estime de soi, c'est malin**, le présent guide complétera utilement votre lecture et vous donnera des clés supplémentaires. Nous allons partir de là où vous en êtes pour, au fil des jours qui passent, aller là où vous souhaitez aller. Je vous garantis que si vous me suivez, vous allez prendre plaisir à arpenter ce nouveau chemin, bien avant d'arriver à votre but.

Nous commencerons à faire le point sur les notions abstraites d'émotion, d'estime de soi et de stress de manière à se mettre d'accord sur ce que nous abordons dans ce guide. Il est important de savoir nommer nos ressentis avant de les gérer.

Ensuite, je vous apprendrai à pratiquer l'EFT d'une manière simple et efficace. Pas la peine de vous compliquer la tâche avec des notions complexes : nous irons droit à l'essentiel de manière à ce que vous commenciez à en retirer les bénéfices au plus vite. Je vous guiderai tout au long de votre journée pour vous montrer comment vous pouvez intégrer cet outil dans votre vie et en tirer parti de la meilleure façon.

---

* *L'estime de soi, c'est malin*, Amélia Lobbé, Leduc.s Éditions, 2014.

Vous pourrez ainsi gérer les petits et les gros tracas dès qu'ils se présentent. Et s'ils vous rappellent des souvenirs désagréables, des choses que vous avez déjà vécues il y a plus ou moins longtemps, vous serez à même de traiter ces événements et de faire la paix avec le passé.

Chaque situation de la vie quotidienne deviendra alors l'occasion de vous libérer des émotions qui jusqu'alors vous dérangeaient ou vous limitaient. Suivez ce guide et vous vous allégerez de ce qui vous encombre, pas à pas. Néanmoins, je dois vous mettre en garde, car cette méthode n'est ni une panacée, ni de la magie : n'espérez pas tout guérir en un claquement de doigts. Pour certaines problématiques, il vous faudra persévérer et utiliser l'EFT régulièrement. Si vous souffrez de pathologies sévères et diagnostiquées, l'aide d'un psychothérapeute ou d'un professionnel de la santé mentale sera indispensable, et ce guide ne saurait en aucun cas se substituer à une prise en charge thérapeutique.

Lorsque vous aurez compris comment mettre en œuvre cette technique et que vous aurez senti que votre corps – et votre esprit – se libèrent des émotions et des traumatismes enregistrés parfois depuis longtemps, je vous accompagnerai alors pour découvrir quel genre de routine vous pourrez mettre en place afin d'accroître encore votre maîtrise de cet outil.

UN POINT D'URGENCE POUR CALMER LES ÉMOTIONS FORTES

Vous êtes en proie à une émotion forte telle que la peur : stimulez ce simple point qui se situe sous la clavicule – droite ou gauche, comme bon vous semble (voir le schéma ci-après).

Si vous êtes seul, au téléphone par exemple, et que l'on vous annonce une mauvaise nouvelle, stimulez ce point avec tous les doigts d'une seule main en le « tapotant » doucement de manière répétée durant 1 minute.

Si vous êtes en public, massez-le discrètement en appuyant plus ou moins fort selon votre sensation afin de retrouver votre calme.

Ce point, appelé « rein 27 » par les médecins chinois (ou plus simplement « point d'urgence » en EFT), a la capacité d'**apaiser**

→

les poussées émotionnelles afin de vous calmer et de vous permettre d'évacuer le trop-plein d'émotions.

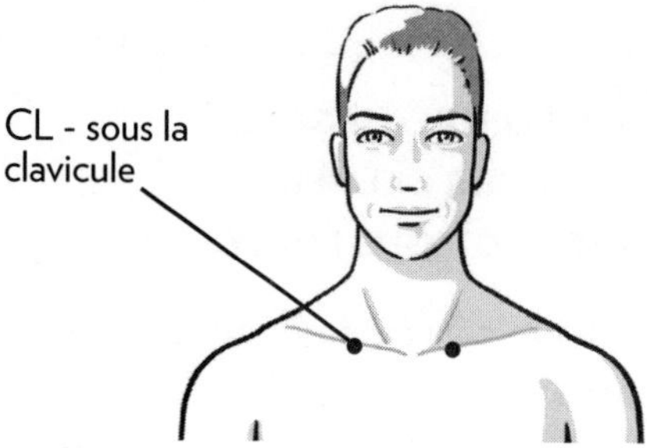

LES COMPLÉMENTS VIDÉO MALINS

On dit souvent qu'une image vaut mieux qu'un long discours. Je vous propose donc de me retrouver gratuitement en vidéo pour mieux vous guider. Pensez à utiliser ces vidéos **dès le départ** pour mieux vous aider à intégrer la logique de l'EFT. Je vous livre également de nombreuses astuces en plus : test musculaire emprunté à la kinésiologie, les exercices de la routine énergétique de Donna Eden, etc.

Pour visionner ces vidéos, scannez les codes présents dans ce livre ou tapez l'adresse (qui vous sera indiquée) dans la barre dédiée de votre navigateur Internet.

1

MIEUX VOUS ACCEPTER POUR MIEUX VIVRE

Chapitre 1

Les émotions, c'est quoi ?

LE RACCOURCI MALIN

Si vous n'êtes pas passionné par la théorie et que pour vous seul le résultat compte, je vous suggère de passer directement au chapitre 3 (voir p. 43) pour démarrer avec l'EFT. Vous aurez tout le temps par la suite de vous poser un peu et de revenir sur ces quelques lignes.

Définir simplement et précisément ce qu'est une émotion est un exercice compliqué car il s'agit d'un des phénomènes psychologiques les plus difficiles à comprendre. Une émotion est la réaction d'un individu qui traduit ce qu'il ressent au fond de lui. Elle peut être causée par un événement extérieur ou une pensée.

Émouvoir pourrait s'écrire ainsi : « é-mouvoir », c'est-à-dire mettre en mouvement. Ce changement est vécu physiquement (la joie, la peur, le dégoût ou la colère se manifestent par l'augmentation du rythme cardiaque, la colère fait croître la température au bout des doigts et la peur, à l'inverse, la fait diminuer, etc.). Une émotion débute soudainement, en réaction à un événement extérieur, et ne dure que peu de temps.

UNE MOBILISATION DU CORPS ET DE L'ESPRIT

Une émotion a d'abord une manifestation interne et génère une réaction extérieure. Elle est provoquée par la confrontation à une situation et à l'interprétation de la réalité. En cela, une émotion est différente d'une sensation, laquelle est la conséquence physique directe (relation à la température, à la texture...). La sensation est directement associée à la perception sensorielle. La sensation est par conséquent physique. Quant à la différence entre émotion et sentiment, celle-ci réside dans le fait que le sentiment ne présente pas une manifestation réactionnelle. Néanmoins, l'accumulation des sentiments peut générer des états émotionnels.

Les émotions sont donc des réactions complexes qui engagent à la fois le corps et l'esprit. Ces réactions incluent un état mental subjectif – tel que la colère, l'anxiété ou la peur –, une impulsion à agir – telle que fuir ou attaquer, que cela soit exprimé ouvertement ou non – et de profonds changements corporels – tels qu'une augmentation du rythme cardiaque ou de la pression sanguine. Certains de ces changements corporels préparent à des actions d'adaptation soutenues. D'autres – tels que les postures, les gestes et les expressions faciales – communiquent aux autres ce que nous ressentons ou ce que nous voulons que les autres croient que nous ressentons.

LES ÉMOTIONS : UNE NOTION FLOUE

Dans la littérature spécialisée, les émotions constituent une notion floue, difficilement définissable, et les chercheurs n'arrivent pas à se mettre d'accord à leur sujet. Elles présentent la particularité d'être propres à chaque individu et se manifestent par des réactions spécifiques : motrices (tonus musculaire, tremblements...), comportementales (incapacité de bouger, agitation, fuite, agression...) et physiologiques (pâleur, rougissement, accélération du pouls, palpitations, sensation de malaise...). Elles sont à la base de nos réactions physiologiques et comportementales. Elles se traduisent par une expression faciale qui est la même chez tous les êtres humains, comme l'a montré Paul Eckman qui a inspiré la série télévisée *Lie to me*.

Au regard de ces définitions, le concept d'émotion apparaît comme ayant plusieurs sens. Il est, en effet, difficile de donner une définition claire et univoque de l'émotion. Cependant, les spécialistes s'accordent à dire que la pluralité des définitions de l'émotion n'altère en rien son rôle central dans toute analyse comportementale.

Les émotions sont en rapport étroit et permanent avec nos décisions et nos actions. Elles agissent sur nos comportements quotidiens, sur nos choix et nos perceptions, et elles rendent la communication plus efficace. En outre, les émotions jouent un rôle clé dans tout processus d'apprentissage en agissant sur la capacité de mémorisation de l'apprenant, sur sa rétention de l'information et sur son attention. Lors de l'acquisition des connaissances, les émotions agissent à différents niveaux sur l'esprit humain.

De récentes études ont démontré que les émotions et la connaissance sont intimement liées. Il est normal et tout à fait adéquat d'avoir des émotions. **Le problème, ce n'est pas l'émotion en elle-même, mais plutôt son intensité et son mode d'expression.**

Les émotions viennent et s'en vont. Elles sont des réactions aux événements (éléments déclencheurs externes et/ou internes). L'expression de l'émotion est importante pour communiquer. Il y a 3 types d'expression de l'émotion :

① **le langage du corps** (expression faciale, posture) ;

② **les mots** (je suis triste, je t'aime) ;

③ **les actions ou comportements** (embrasser, courir vers quelqu'un, se battre).

Les émotions servent à communiquer notre état d'âme aux autres, à nous révéler certaines choses à propos de la situation vécue ainsi qu'à régler et motiver l'action (mobilisation rapide pour agir en cas de danger, par exemple).

Nos émotions nous aident à affronter des situations et des tâches importantes : formation d'un couple, création d'une famille, séparation, deuil, réussites au travail, études, etc. Donc, nos réactions émotionnelles peuvent nous révéler certaines choses à propos de la situation dans laquelle nous nous trouvons. Ne pas être en contact avec ses émotions ou se laisser envahir par elles (émotions douloureuses) nous prive de leurs buts bénéfiques.

Dans son livre *L'intelligence émotionnelle*, Daniel Goleman décrit l'émotion de la manière suivante : « Un terme dont la signification précise est sujet de débat entre psychologues et philosophes depuis plus d'un siècle. Dans son sens le plus littéral, l'Oxford English Dictionary définit l'émotion comme “une agitation ou un trouble de l'esprit, du sentiment, de la passion, tout état mental de véhémence ou d'excitation". Je désigne par émotion à la fois un sentiment et les pensées, les états psychologiques et biologiques particuliers, ainsi que la gamme de tendances à l'action qu'il suscite. Il existe des centaines d'émotions, avec leurs combinaisons, variantes et mutations. Leurs nuances sont en fait si nombreuses que nous n'avons pas assez de mots pour les désigner. »

Les chercheurs ne sont donc pas d'accord entre eux pour savoir s'il existe des émotions fondamentales – en quelque sorte le bleu, le rouge et le jaune – à partir desquelles se forment tous les mélanges.

ÉMOTIONS ET SANTÉ

La relation entre les émotions et la santé continue d'alimenter de nombreux débats entre les spécialistes. Beaucoup d'études montrent une relation étroite entre l'apparition de maladies et des cas d'émotions négatives prolongées. Et même si les recherches ne sont pas unanimes sur ce point, de nombreux professionnels de la santé reconnaissent que la plupart des maladies sont plurifactorielles et que les émotions et le stress prolongé jouent indéniablement un rôle.

Une des plus importantes études américaines réalisée sur 17 400 personnes, l'Adverse Childhood Experience Study (ACE, étude sur les maltraitances infantiles), résulte d'une collaboration vieille de dix ans entre le service de médecine préventive du Kaiser Permanente à San Diego et les Centers for Disease Control and Prevention (CDC). Cette étude à grande échelle porte sur l'influence des expériences infantiles stressantes et traumatisantes – et donc le vécu d'émotions négatives précoces – sur l'origine des comportements sous-jacents aux principales causes de handicaps, problèmes sociaux et médicaux, parfois causes de mortalité aux États-Unis. À la différence de beaucoup d'études précédentes dans ce champ, qui s'étaient volontairement focalisées sur des types particuliers de maltraitances infantiles (surtout les abus sexuels) et sur des problèmes médicaux spécifiques (souvent psychiatriques), l'ACE Study a été conçue pour évaluer simultanément l'exposition durant l'enfance à de multiples sortes d'abus, carences, violences familiales, ainsi qu'à des dysfonctionnements familiaux tels que la toxicomanie.

De plus, elle inclut l'évaluation d'un large éventail de problèmes médicaux et sociaux prioritaires, allant de l'adolescence à l'âge adulte. Elle est ainsi la plus grande étude jamais réalisée dans sa catégorie avec un éventail de corrélations entre maltraitances infantiles et problèmes médicaux sans précédent.

Elle a montré qu'un nombre inattendu des adultes qui étaient venus dans le service de médecine préventive pour un check-up avaient été victimes de violences ou de dysfonctionnements familiaux significatifs pendant l'enfance. Dans le cadre de l'étude, les maltraitances infantiles ont été définies en tant que violences émotionnelles, physiques ou sexuelles, carences physiques ou affectives, ainsi que le fait de grandir dans un environnement familial dont un des membres était alcoolique, toxicomane, présentait des troubles psychiatriques, était suicidaire, avait été incarcéré durant l'enfance du patient, ou dans lequel la mère était traitée violemment. Cela comprenait en plus les attouchements sexuels.

Ainsi, les maltraitances infantiles ne sont pas seulement répandues de manière inattendue, mais leurs effets se révèlent cumulatifs. Les comportements tels que l'abus d'alcool ou la toxicomanie, le tabagisme, la multiplication des partenaires sexuels sont probablement le résultat de maltraitances au cours de l'enfance, qui est maintenant reconnue comme une période de développement neurologique.

Dans beaucoup de cas, sinon dans la plupart, les comportements pourraient agir en apaisant la détresse sociale et émotionnelle qui résulte des maltraitances infantiles. Ainsi, ces comportements typiquement considérés comme des problèmes se chronicisent parce qu'ils fonctionnent comme des solutions à court terme, même s'ils ont des effets nuisibles à long terme. Les résultats de l'étude ACE suggèrent que les troubles addictifs ont fréquemment pour origine des expériences traumatiques vécues dans l'enfance, et que la structure moléculaire de plusieurs substances chimiques ou les effets physiologiques de certains comportements (suralimentation, comportements sexuels) pourraient être particulièrement efficaces pour atténuer la souffrance résultant de ces maltraitances, tout en provoquant finalement des handicaps et des problèmes de santé.

Il a également été démontré que le nombre de facteurs de risque des causes principales de mortalité augmentait conjointement à l'augmentation de l'ACE Score. Ainsi, les personnes ayant un ACE Score élevé présentent un risque plus important de problèmes de santé ultérieurs, dus aux moyens choisis pour remédier à leur souffrance. Tandis que ces approches sont efficaces à court terme, elles ont souvent des conséquences désastreuses à long terme (importants problèmes de santé chroniques, problèmes sociaux). De plus, les causes sous-jacentes à ces problèmes de maltraitances infantiles ne sont habituellement pas détectées par honte, secret ou tabou social interdisant leur évocation. Ces mêmes tabous sociaux empêchent les médecins et autres professionnels de santé, ceux qui sont les mieux placés pour aider les victimes de maltraitances infantiles, de poser les questions précises qui aideraient à identifier ces causes sous-jacentes, constituant autant d'obstacles majeurs à la santé et au bien-être des personnes.

EN BREF

Une grande étude américaine réalisée sur 17 400 individus a montré que les personnes dont on n'a pas pris soin lorsqu'elles étaient enfants – et qui ont donc connu un plus grand nombre d'émotions négatives – présentent, cinquante ans plus tard, un plus grand risque de maladies liées à l'hypertension, de problèmes cardiaques, de cancers, de fractures osseuses, de tabagisme, de diabète, de suicide ou encore de consommation de drogues.

Chapitre 2

Le stress, un signal d'alerte salvateur

Imaginez-vous installé à la terrasse d'un café, sous un beau soleil de juin, à l'heure de l'apéritif, quand votre ami d'enfance vous propose d'être son témoin de mariage dans quelques mois et de faire un discours. Vous êtes bien, détendu et vous accueillez l'idée avec enthousiasme. Votre cœur s'accélère imperceptiblement, vous souriez intérieurement. Vous êtes flatté et vous songez déjà à tous les souvenirs que vous allez pouvoir dévoiler ainsi qu'à l'hilarité que cela va provoquer. Puis, vous trouvez une trame de discours qui vous semble bonne, vous en parlez à d'autres amis et... vous la mettez de côté.

Jusqu'au jour où votre ami vous rappelle que son mariage aura lieu dans 15 jours. Comme l'échéance arrive vite, il faut vous y mettre : vous passez donc à l'action et rédigez votre texte. C'est ce que font la plupart des personnes qui contrôlent leur stress. Observons quelques instants ce qui se passe à l'intérieur du cerveau et du corps de ces personnes, sous le capot en quelque sorte, et qui leur permet de se mettre au travail...

LE STRESS, MODE D'EMPLOI

Le fait d'avoir une réaction émotionnelle appropriée est permis grâce à ce que l'on appelle le « complexe vagal ventral » : un nerf vague à réponse rapide qui nous permet de nous engager dans l'action facilement.

NERF VAGUE, QUÉZACO ?

Le nerf vague est appelé ainsi car c'est le nerf qui a le territoire le plus étendu (il démarre à la base du crâne et se prolonge dans le corps). Comme les premiers anatomistes ne savaient pas exactement jusqu'où il allait, ils l'ont nommé... « nerf vague » !

La myéline qui entoure ce nerf est une substance qui le protège – comme la gaine d'un fil électrique – et qui permet de conduire rapidement l'influx nerveux. Son temps de réponse est donc court, de l'ordre d'une seconde.

Au regard de l'évolution du système nerveux autonome, que l'on pourrait comparer au pilote automatique de notre corps, et dont fait partie ce nerf, il s'agit de la plus récente structure à être apparue, celle qui nous permet de réagir d'une manière adaptée socialement à des demandes nouvelles.

Arrive le jour du mariage. Pour être sûr d'être à l'heure et que tout soit parfait, vous avez répété votre discours plusieurs fois, vous avez choisi votre plus belle tenue et... vous avez passé une nuit blanche à vous demander comment se déroulerait la journée du lendemain. Vous vous êtes même relevé en pleine nuit pour apporter les dernières retouches à votre texte...

Le jour J, vous arrivez bien avant les autres, votre sourire se crispe de plus en plus et votre cœur s'accélère. La cérémonie démarre, vous transpirez tellement que votre colonne vertébrale vous sert de gouttière, votre respiration s'accélère elle aussi et votre estomac se noue.

Le complexe vagal ventral est dépassé par les événements. La branche sympathique, c'est-à-dire l'accélérateur du système nerveux autonome, est activée à fond, vous êtes victime de la fameuse réponse « *fight or flight* » : se battre ou s'enfuir. Cette capacité à produire des réponses actives et énergiques est apparue dans le deuxième stade de l'évolution du système nerveux autonome (le SNA).

Mais vous n'avez pas le choix, vous devez affronter tous les regards et parler dans le micro au moment où l'on vous appelle. Vous avez l'impression de vous retrouver sous les projecteurs, avec la pression que vous vous mettez vous-même à l'idée de vous tenir debout face à tous ces regards inconnus. Et là... vous vous figez, vous ne pouvez plus parler, c'est le trou noir, vous êtes comme paralysé.

C'est le **complexe vagal dorsal** qui entre en jeu, le tout premier que nous avons acquis au cours de l'évolution, celui que nous partageons avec les animaux qui adoptent ce moyen de protection dans la nature. Il s'agit d'un nerf non myélinisé beaucoup plus lent, qui est responsable de la **réponse d'immobilisation**, le fameux «*freeze*» des Anglo-Saxons...

La réponse à un stress connaît ainsi 3 étapes déclenchées successivement en cas de débordement émotionnel :

① une **réponse calme et efficace** si vous pensez être capable de faire face à la situation ;

② une **réponse active de fuite ou de combat** si vous vous croyez en danger ;

③ une **incapacité à bouger** si vous êtes complètement dépassé.

En plus de ce fonctionnement (que l'on appelle « polyvagal » puisqu'il implique 3 niveaux distincts correspondant à 3 réactions bien différentes), il existe un centre de commandes situé au niveau du cerveau et qui renforce notre capacité à inhiber nos réactions primitives de type FFF (*fight-flight-freeze* ou bien « frapper-fuir-freiner » – c'est une traduction personnelle) pour en adopter de nouvelles, beaucoup plus socialement adaptées.

En résumé, **plus votre frein (la branche parasympathique) est puissant et plus vous**

avez le contrôle de vos émotions. Autrement dit, si votre nerf vague est bien tonique et bien entraîné, vous évitez de connaître les affres du troisième stade (*freeze*) et vous passez même du second stade (*fight or flight*) au premier (le contrôle émotionnel). On pourrait donc ajouter un quatrième F pour « faire » ou « fonctionner ». C'est au choix...

UNE RÉPONSE ADAPTATIVE

Le stress définit ce qui se passe dans notre corps et notre esprit lorsque nous devons affronter une menace bien concrète ou seulement imaginée. En résumé, nous devons faire face et nous adapter à ce qui se passe. Il s'agit d'une réaction qui protège notre vie. Le stress a des effets positifs qui nous boostent. Il nous permet même de maîtriser l'ensemble de nos ressources pour être à notre niveau optimal.

Mais si malheureusement je perçois ou j'imagine que je ne suis pas à la hauteur de ce que mon ami attend, je dépasse mes propres capacités à réagir de manière appropriée.

En résumé, si je pense que mes ressources ou mes capacités sont inférieures à ce que demande la situation dans laquelle je me trouve, je suis dépassé par les événements et je ne contrôle plus rien. **C'est mon inconscient qui prend le contrôle et qui me fait réagir en fonction de ce qu'il a enregistré depuis que je suis tout petit...** Et une cascade de réactions physiques se produit à l'intérieur de moi.

Ces réactions sont indispensables pour répondre à une perturbation émotionnelle, comme la peur de parler en public, afin de maintenir un équilibre à l'intérieur de nous. **Le stress pourrait ainsi être défini comme un moyen de défense face au danger,** qu'il soit réel ou imaginaire. Comme nous le voyons avec cet exemple, le simple fait de penser à un danger qui n'existe pas déclenche en nous la même réaction de protection. Celle-ci se traduit par des interactions entre nos systèmes nerveux et immunitaire, nos hormones et notre psychisme. Mais le point important est de bien comprendre que la réponse de stress est une réaction qui vise à protéger notre vie, même si nos réactions que nous ne pouvons contrôler sont parfois bizarres, voire contre-productives.

LE CHAOS, UN ÉTAT NORMAL

Si maintenant, lorsque vous lisez ces lignes, vous prenez votre pouls durant 1 minute et que vous comptez les battements, vous devriez normalement obtenir un chiffre compris entre 50 pour les plus sportifs et 80-90 pour les plus sédentaires… Mais cette mesure ne veut pas dire que l'écart entre les battements est constant. Bien au contraire : votre cœur est sans arrêt en train de modifier son allure. L'écart entre les battements varie : plus il s'allonge et plus le cœur ralentit, et inversement. Le fait de prendre votre pouls et de faire une moyenne ne reflète en rien la réalité de son rythme.

Afin de maintenir l'équilibre à l'intérieur de votre corps, le cœur s'adapte aux variations de l'environnement. Et comme la plupart du temps l'environnement est chaotique, votre rythme cardiaque varie suivant une courbe chaotique qui ressemble aux montagnes russes. Le cœur dispose d'un « **pacemaker** » **naturel** qui se nomme **le nœud sinusal**. Ce pacemaker est relié – lui aussi – à l'accélérateur (la branche sympathique) et au frein (la branche parasympathique ou nerf vague). Et ce sont ce frein et cet accélérateur qui régulent le temps entre

deux battements du cœur. Ce sont aussi les deux branches du système nerveux autonome qui innervent l'ensemble de nos organes et qui pilotent notre corps sans que nous ayons besoin d'y penser.

Sans rentrer dans le détail des deux théories très pointues qui expliquent le lien de cause à effet entre la flexibilité de la fréquence cardiaque et la régulation des émotions, on peut retenir ceci : plus notre fréquence cardiaque a de l'amplitude (c'est-à-dire plus notre cœur a de la souplesse et peut tout d'un coup bondir dans notre poitrine pour répondre à une urgence puis rapidement revenir au calme), plus nous sommes à même d'avoir une réponse émotionnelle adaptée à la situation que nous sommes en train de vivre, plus nous sommes en bonne santé, et plus notre espérance de vie est longue... Le tonus vagal mesure la capacité de notre branche parasympathique – le frein – à ramener notre corps dans un état de calme. La recherche clinique centrée sur les émotions a mis en évidence qu'**un tonus vagal élevé favorise une meilleure régulation affective, de meilleures relations sociales**

et de plus grandes facultés à faire face aux agents stresseurs.

DE L'ESTIME DE SOI À UNE MEILLEURE GESTION DU STRESS

Selon l'Agence européenne pour la sécurité et la santé au travail, **le stress survient « lorsqu'il y a un déséquilibre entre la perception qu'une personne a des contraintes que lui impose son environnement et la perception qu'elle a de ses propres ressources pour y faire face »**. En d'autres termes, si vous pensez que vous êtes capable de faire un discours devant 200 personnes le jour du mariage de votre meilleur ami, vous êtes zen, et vous le resterez probablement le jour venu. Mais si, à l'inverse, vous commencez à douter de vous, en pensant que toute l'assemblée va vous juger en ce grand jour, vous commencez immédiatement à ressentir les effets du stress.

Ainsi, le stress est une notion subjective, dont l'appréciation varie suivant les individus : Michel pourrait être tétanisé face à la responsabilité d'un discours et pourra inventer une histoire rocambolesque pour éviter d'avoir à affronter cet événement, alors que Jeanne pourrait être fière que son ami ait pensé à elle, et même ressentir de l'impatience en attendant le jour du mariage. Le stress peut faire partie de la personnalité de certains individus et influencer leur comportement, leurs relations avec les autres et leur façon de voir le monde. Dans cette catégorie, on retrouvera les perfectionnistes, les timides, les hypersensibles, les émotifs, ceux qui contrôlent à outrance et ceux qui manquent d'estime de soi.

L'estime de soi est un jugement que l'on porte sur sa propre personne et qui est vital à notre équilibre psychologique. Lorsqu'il est positif, nous nous sentons « bien dans notre peau », nous pouvons agir efficacement et affronter les difficultés de l'existence en toute quiétude. Mais lorsque notre regard sur nous-même est négatif, il engendre une souffrance permanente qui vient ruiner notre vie. **Développer l'estime de soi** est un travail parmi les plus utiles qui soient pour développer notre aptitude au bonheur et retrouver ou booster notre joie de vivre. C'est également **un des moyens les plus rapides pour augmenter notre tolérance au stress**.

Concrètement, comme le définit le psychiatre Christophe André dans son best-seller*, « l'estime de soi repose sur 3 "ingrédients" : l'amour de soi, la vision de soi et la confiance en soi ».

Dans le chapitre qui suit, vous allez découvrir une méthode qui va vous permettre d'explorer ce qui se cache derrière ces trois concepts et je vous livrerai les clés qui vous permettront de vous améliorer dans ces trois directions. Vous mettrez en lumière les croyances qui soutiennent la faible estime de soi. Grâce à l'EFT, vous apprendrez à modifier des pensées négatives qui souvent vous ont été transmises dès votre plus jeune âge. Si vous avez un problème avec le fait de passer à l'action et de vous engager dans un projet qui vous motive vraiment, si vous vous sentez mal à l'aise dans votre peau, que vous n'arrivez pas à vous accepter tel que vous êtes, si vous vous dévalorisez en permanence et manquez de confiance en vous, ce livre est fait pour vous. Vous ressortirez de cette lecture gonflé à bloc, avec tous les outils pour améliorer rapidement votre estime de vous-même.

---

* Christophe André et François Lelord, *L'estime de soi : s'aimer pour mieux vivre avec les autres*, Odile Jacob, 2008.

Chapitre 3

L'EFT, ou comment mieux gérer ses émotions, ses pensées et son stress

L'EFT, MODE D'EMPLOI

1re étape

Je vous propose de vous mettre tout de suite au travail en commençant par **identifier les situations courantes** qui déclenchent chez vous une tension, une appréhension, un malaise et qui perturbent votre bien-être et votre calme intérieur.

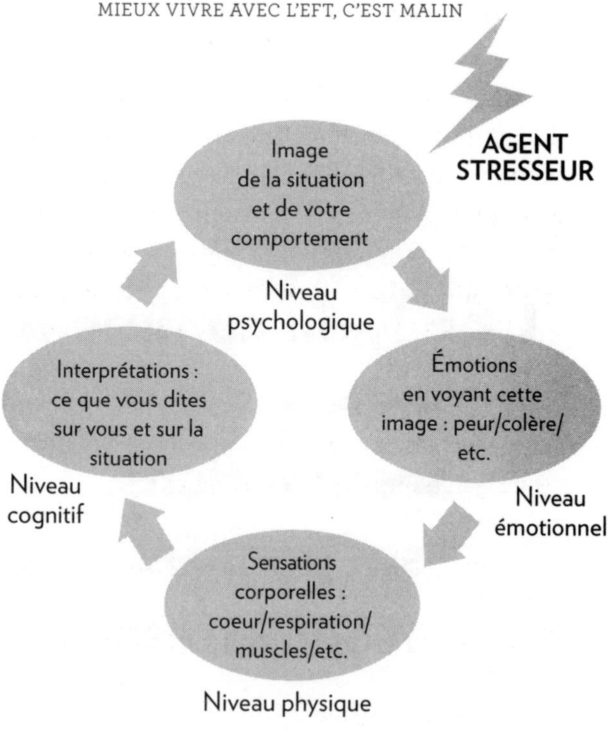

Les niveaux de réaction face à un agent stresseur

Comme le montre le schéma ci-dessus, face à une situation imprévue, nous réagissons à plusieurs niveaux : **psychologique**, **émotionnel**, **physique** et **cognitif**.

Supposons que l'agent « stresseur » (ou la situation déclenchante) soit l'obligation de prendre la parole en public. Je vais évaluer dans un premier temps les personnes présentes dans la salle, ce que j'ai à dire sur le sujet et le temps dont je dispose. Si la situation ne s'est pas encore déroulée ou qu'elle est déjà passée, je peux même avoir une image de la situation, soit future, soit passée. Nous pouvons distinguer 4 domaines :

① **ce que je fais** dans la situation donnée (l'image mentale que j'ai de mon comportement) ;
② **ce que je ressens** (mes émotions) ;
③ **ce que je sens** (mes sensations physiques) ;
④ **ce que je me dis** (mes pensées).

Donc, je dois faire un discours pour mon ami dans deux mois, le jour de son mariage. Si je suis d'un tempérament anxieux et que j'ai tendance à me dévaloriser, voici ce qui se passe :

① Je me vois tout rouge en train de transpirer, les personnes présentes ont l'air embarrassées pour moi. J'imagine qu'aucun son ne sort de ma bouche, que je suis tétanisé.
② Je ressens de la honte et de la culpabilité, ici et maintenant en y pensant, même si ce n'est pas encore arrivé. Je peux même évaluer cette émotion à 8/10 tant elle est présente dans l'instant.
③ J'ai la gorge qui se noue.
④ Je me dis que ça va être une catastrophe, que je ne suis pas à la hauteur.

À vous de pratiquer !

Je vous suggère de faire la même chose et de penser à une situation stressante, puis de noter noir sur blanc :

① *l'image la pire que vous ayez de la situation (passée, présente ou future) ;*

② *l'émotion que vous ressentez en pensant à cette image et son évaluation sur une échelle de 0 à 10 (0 étant l'absence totale d'émotion et 10 le maximum de ce que vous puissiez imaginer ressentir) ;*

③ *les sensations physiques que vous ressentez ici et maintenant avec cette image présente à votre esprit ;*

④ *ce que vous vous dites de négatif sur vous et/ou la situation.*

2e étape

Après avoir identifié le problème ou la situation stressante, la première chose à faire est de construire une **phrase de démarrage** (dite **de préparation**) sur le modèle suivant : *« Même si j'ai (cette image dans mon esprit), que je ressens (cette émotion) et (cette sensation dans mon corps), je m'accepte tel que je suis. »*

Avec l'exemple du discours que je dois prononcer dans deux mois, voici ce que cela donne : *« Même si je me vois tout rouge en train de transpirer quand je pense à ce discours, que je ressens de la honte et de la culpabilité, et que j'ai la gorge qui se noue, je m'accepte tel que je suis. »*

Ensuite, prononcez cette phrase, de préférence à voix haute, en stimulant la partie charnue de votre main droite ou gauche, que l'on appelle le « **point karaté** » (voir schéma ci-après).

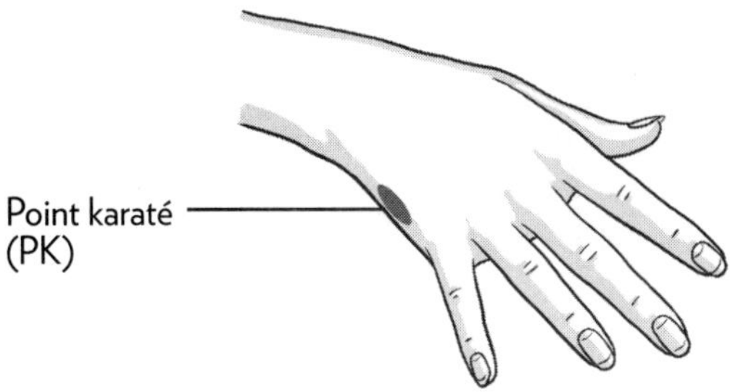

Le point karaté

3e étape

Vous allez ensuite effectuer une « ronde », c'est-à-dire **stimuler certains points** bien précis (voir schéma ci-après) sur votre corps en restant bien concentré sur la situation stressante. Sur chaque point, vous effectuerez ainsi **une dizaine de stimulations** avec le bout de votre index et de votre majeur en répétant une **courte phrase de rappel**, afin de continuer à parler de la situation et de ce que vous ressentez :

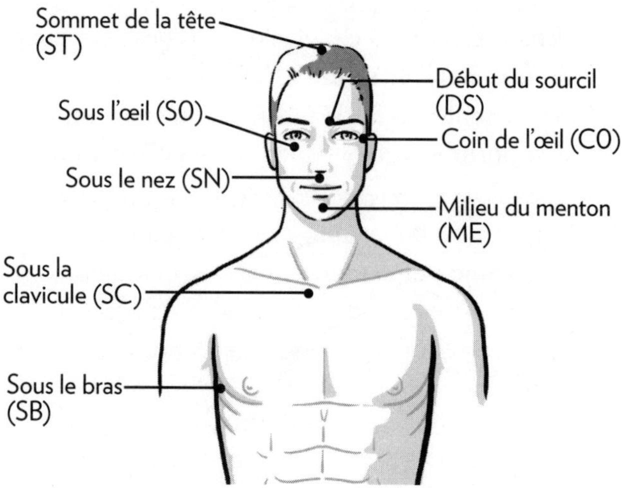

Les points à stimuler lors d'une ronde

① Sommet de la tête : *« Je suis tout rouge. »*
② Début du sourcil : *« Je me vois en train de transpirer. »*
③ Coin de l'œil : *« Tout le monde a l'air embarrassé. »*

④ Sous l'œil : *« Je n'arrive pas à parler. »*
⑤ Sous le nez : *« J'ai tellement honte. »*
⑥ Milieu du menton : *« Je me sens coupable. »*
⑦ Sous la clavicule : *« J'ai la gorge nouée. »*
⑧ Sous le bras : *« Je ne suis pas à la hauteur. »*

QUELLE MÉTHODE ICI ?

Si vous pratiquez l'EFT, vous avez peut-être déjà intégré une méthode différente, avec plus de points par exemple, ou bien sans stimuler le point au sommet de la tête. Il s'agit ici de la **méthode de base de l'EFT simplifiée par Gary Craig** au début de l'année 2013 et disponible (seulement en anglais) sur son site Internet à cette adresse :
www.emofree.com/eft-tutorial/eft-tapping-tutorial.html?ref=608.

(Vous pouvez aussi scanner ce code pour accéder à la méthode originelle de Gary.)

Nous verrons plus loin dans ce guide qu'il existe d'autres points complémentaires (voir p. 71). Rendez-vous également p. 65 pour découvrir comment effectuer vos stimulations avec précision.

LE PETIT + MALIN

Regardez ma démonstration de cette ronde en vidéo en scannant ce code ou en tapant l'adresse suivante dans la barre d'adresse de votre navigateur Internet :
http://quotidienmalin.com/EFT-malin

4e étape

Faites une pause, respirez profondément 1 à 2 fois et, au besoin, buvez un verre d'eau.

➔ **MON CONSEIL EN + :** Je vous recommande d'être bien hydraté lorsque vous pratiquez l'EFT, cela fonctionne mieux. L'eau est en effet un très bon conducteur et une bonne hydratation favorise la circulation de l'énergie dans votre corps.

Et maintenant, vous allez évaluer le résultat de votre travail : reprenez l'image de départ et observez-la. Est-ce exactement la même image ? Y a-t-il plus ou moins de détails ? Est-elle plus proche ou au contraire plus lointaine ? Plus nette ou plus floue ? Lorsque vous l'observez, que ressentez-vous ?

Reprenez exactement le même travail qu'à l'étape n° 1 et évaluez l'intensité de votre émotion. Généralement, cette intensité a déjà diminué.

Par exemple : *« L'image est moins précise, je vois que je suis gêné mais je ne vois plus les personnes autour. J'ai toujours la gorge nouée, mais c'est moins fort. Je dirais que la honte est descendue à 5/10. Je me dis que mon ami aurait dû demander à quelqu'un d'autre. »*

Avec les nouveaux éléments que vous avez définis, vous allez pouvoir passer à l'étape suivante.

5e étape

Vous allez **ajuster la phrase de préparation** en fonction de ce que vous avez identifié à l'issue de cette première ronde de stimulations. En parallèle, commencez à **stimuler votre point karaté**, exactement comme à l'étape n° 2 : *« Même si je me vois gêné en train de faire ce discours, que j'ai la gorge encore nouée et que je ressens cette honte, je m'accepte tel que je suis. »*

Puis recommencez l'étape n° 3 :

① Sommet de la tête : *« Je suis gêné. »*
② Début du sourcil : *« J'ai la gorge encore nouée. »*
③ Coin de l'œil : *« Il aurait dû demander à quelqu'un d'autre. »*
④ Sous l'œil : *« J'ai honte. »*
⑤ Sous le nez : *« Je ressens encore cette honte. »*
⑥ Milieu du menton : *« Il aurait vraiment dû demander à quelqu'un d'autre. »*
⑦ Sous la clavicule : *« J'ai la gorge nouée. »*
⑧ Sous le bras : *« Je suis gêné. »*

Continuez de la sorte jusqu'à **déprogrammer complètement votre émotion négative et la sensation corporelle que vous ressentez.**

PENSEZ-Y !

› Plus votre phrase de préparation est **précise**, plus votre séance d'EFT sera **efficace**. Si vous avez en tête l'image la pire de la situation stressante, alors vous êtes précis. Quand vous tenez cette image, cela devient simple de savoir ce que vous ressentez émotionnellement et physiquement, d'évaluer votre émotion de 0 à 10 et de savoir ce que vous dites de cette situation ou de vous-même.

→

> › Prononcez la phrase de préparation en stimulant votre point karaté.
> › Le but des phrases de rappel est de **vous centrer sur votre problème et d'activer vos émotions négatives**. Prononcez-les en stimulant la séquence des points.
> › N'hésitez pas à « forcer le trait » et même à amplifier les choses, ou à utiliser des mots qui expriment bien votre colère ou votre ressentiment. Si vous avez besoin de dire des grossièretés, **ne vous bridez pas**. Même si cela peut surprendre. Contrairement à ce que l'on entend parfois, cela ne risque pas d'ancrer en vous ces comportements : faites confiance à vos émotions qui vous dictent les mots, et à vos stimulations qui vont dissoudre les blocages.

COMMENT ET POURQUOI ÇA MARCHE ?

L'EFT est une technique psychocorporelle de gestion du stress et de déprogrammation émotionnelle des souvenirs traumatiques. C'est également une forme d'acupressure* puisqu'il s'agit de stimuler avec deux doigts certains endroits du visage et du corps pour rétablir le courant énergétique afin de se libérer de ses émotions négatives. C'est une méthode autonomisante, rapide, efficace et facile à apprendre, qui donne des résultats de longue durée, la plupart du temps définitifs. Elle apporte une solution là où d'autres thérapies ont échoué, **car elle s'adresse principalement au cerveau émotionnel (limbique)** plus qu'au cerveau rationnel (néocortex).

Cette méthode est efficace pour se débarrasser de l'excédent d'émotions qui nous empêchent d'avancer dans la vie. La tristesse, la peur, la colère, le ressentiment, le dégoût, la honte, l'anxiété, la culpabilité ou encore la mauvaise image de soi sont des ralentisseurs de bonheur, ce sont des émotions qui, si elles s'éternisent, nous empêchent d'avancer vers le mieux-être. L'EFT peut également vous aider à résoudre des problèmes physiques (douleurs, surpoids, obésité, problèmes de peau) ou à vous défaire

* L'acupressure est une technique de guérison d'origine chinoise qui agit sur les points d'acupuncture par simple pression des doigts.

de certaines manies (tabagisme, envies compulsives, TOC, bégaiement, etc.).

Comment ? Tout simplement en stimulant certains points spécifiques à différents endroits de votre corps. Pourquoi ? Parce que votre corps est parcouru par des méridiens qui jouent le rôle de conducteurs d'énergie. Toutes les émotions que vous ressentez face aux situations de la vie quotidienne, devant votre assiette, dans les rayons du supermarché, à la pâtisserie, sont nées d'expériences plus anciennes qui restent gravées dans votre système énergétique. Quand vous paniquez alors qu'objectivement il n'y a aucune raison, c'est qu'il y a une **perturbation du système énergétique**. Cette perturbation, c'est comme un petit court-circuit qui fait dérailler la machine. **L'EFT, en stimulant les points méridiens, vous permet de rétablir le circuit, de réparer le système et donc de ne plus envoyer à votre cerveau ces messages erronés !**

ET LA SCIENCE DANS TOUT ÇA ?

Bien que l'Organisation mondiale de la santé (OMS) reconnaisse l'efficacité de l'acupuncture dans le traitement de nombreuses maladies, l'existence des méridiens et des courants énergétiques qui les traversent fait encore débat. Plusieurs chercheurs internationaux, dont deux médecins français (Dr Pierre Darras et Dr Pierre de Vernejoul) ont démontré l'existence concrète de canaux extrêmement fins parcourant le corps humain et correspondant aux trajets dessinés par les premiers médecins chinois. L'acupuncture, l'acupressure, le shiatsu et toutes les thérapies énergétiques sont les héritières de la médecine chinoise. Comme elles, l'EFT utilise les méridiens et notamment leurs points d'entrée et de sortie pour rééquilibrer le métabolisme et les émotions qui le perturbent. Rendez-vous en fin d'ouvrage pour en savoir plus, p. 185.

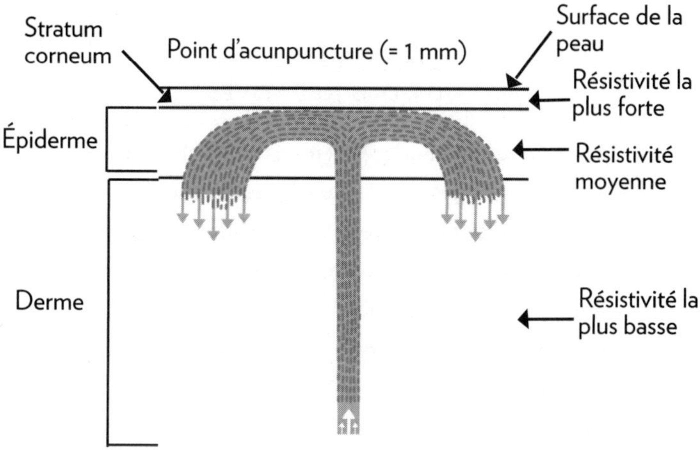

Schéma du fonctionnement d'un point d'acupuncture
(Source ACEP, l'association américaine de psychologie énergétique www.energypsych.org.)

Le méridien « pompe » les ions à la surface de la peau, puis ils forment une sorte de parapluie. La zone ainsi créée a une conductivité plus élevée et produit un mécanisme de transmission-réception, comparable à une antenne biologique au niveau du point d'acupuncture qui a un diamètre d'environ 1 mm.

QUE FAIRE DES ÉMOTIONS NÉGATIVES ?

Toute émotion négative est une perturbation du système énergétique corporel. Les pensées, les émotions, les croyances et les énergies qui les véhiculent sont liées. Lorsque l'énergie circule mal, de mauvais comportements surgissent, des blocages apparaissent, des difficultés surviennent. Apprenez à rétablir le courant et ne pensez plus jamais « c'est ma faute » !

Un message pour le système nerveux autonome

La séquence des stimulations d'EFT nous permet de nous relaxer en jouant directement et rapidement sur notre système nerveux autonome (SNA), dont la fonction est de maintenir l'équilibre à l'intérieur de notre corps. Le SNA gère un grand nombre de paramètres physiologiques sans que nous ayons besoin d'y penser consciemment : digestion, vascularisation, activité cardiaque, etc. La stimulation des points méridiens envoie une information au système nerveux autonome pour lui demander de se calmer.

Lors d'une séance d'EFT, nous réalisons deux actions antagonistes : **nous recherchons à activer une émotion négative** en pensant à l'image la pire de la situation stressante, et dans le même temps **nous envoyons une information de calme**. Cela revient en quelque sorte à appuyer simultanément sur l'accélérateur du système nerveux autonome – en s'exposant au problème – et sur le frein, en stimulant les points méridiens. Ainsi, en opposant un signal de calme à une pensée qui, jusqu'alors, déclenchait une réponse de stress, on désactive la réponse d'alerte automatique qui était enregistrée en nous. Nous « déprogrammons » donc le fonctionnement inapproprié qui était le nôtre jusqu'à présent. D'où la notion de « **libération émotionnelle** ».

Une remise en route cérébrale

Si on observe ce qui se passe au niveau cérébral lors de l'exposition à une situation potentiellement dangereuse, on note la coexistence de

2 voies d'information : l'une courte, l'autre longue (d'après les travaux de Joseph Ledoux en 1994).

Les informations (stimuli) captées par nos cinq sens transitent par le thalamus, qui joue le rôle de routeur de l'information. Le trajet du thalamus à l'amygdale est rapide et permet les réponses réflexes. Ainsi, une action entraîne une réaction immédiate. C'est grâce à ce réflexe que notre vie peut être préservée de danger de mort.

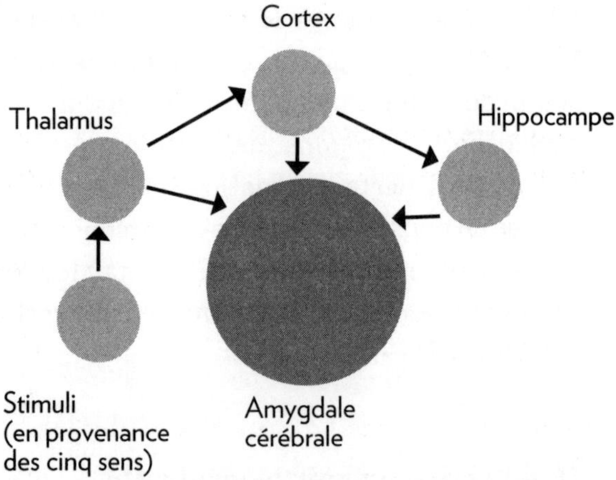

Les deux voies d'information au niveau cérébral

La trajectoire du thalamus à l'amygdale via le cortex est plus lente, mais elle nous permet de réfléchir et d'évaluer le danger réel de la situation. Si je me promène dans la forêt et que je détecte un bruit suspect, je vais instinctivement sauter sur le côté, mon rythme cardiaque va s'accélérer et je vais me tenir prêt à partir en courant. Mais si je m'aperçois que ce n'est qu'un inoffensif orvet qui passe à côté de moi, mon cortex va donner un contre-ordre à mon amygdale et je vais me calmer. Inversement, si j'aperçois une vipère, mon cortex va renforcer l'alarme et je vais partir en courant me mettre en sécurité.

L'hippocampe est impliqué dans la mémoire et peut stocker de l'information sur la signification émotionnelle de stimuli externes. C'est la raison pour laquelle les souvenirs peuvent eux aussi provoquer de la peur via la trajectoire hippocampe-amygdale.

Dans certains cas, la situation est tellement forte émotionnellement ou bien elle s'est répétée tellement souvent que le circuit thalamus-cortex est interrompu. Le cerveau pensant ne peut plus donner l'ordre de la fin de l'alarme. C'est comme si la personne avait perdu la capacité à réfléchir, comme dans certaines phobies où le sujet se met à paniquer dès qu'il voit l'image d'un serpent ou simplement quelque chose qui l'évoque. « Je sais bien qu'un S dessiné sur un mur ne va pas m'agresser », me disait un patient, « pourtant je ne parviens pas à réprimer ma peur qui se déclenche à ce moment-là. »

Une hypothèse avancée par certains chercheurs est que le traitement en EFT permet d'interrompre le schéma automatique qui s'est mis en place entre le thalamus et l'amygdale (un S sur le mur = peur) pour que la personne récupère ses capacités de réflexion (ou cognitives) et que son cortex lui dise de se calmer.

Quand vous maîtriserez bien cette technique, vous pourrez l'appliquer à tous les domaines de votre vie. Les enfants l'adorent, car elle les aide à gérer de nombreux petits maux au quotidien : terreurs nocturnes, colères, moqueries, anxiété de la séparation, pipi au lit, manque de concentration à l'école... Son efficacité est sans pareille pour se débarrasser des craintes, peurs et phobies avec une rapidité époustouflante.

Emma, 28 ans

« L'EFT, c'est très drôle, mes enfants y ont recours au moindre bobo et moi, depuis que je pratique, j'ai cessé de me gaver de cochonneries devant la télé et j'ai perdu 5 kilos ! Je ne me prive pas, je ne me raisonne pas, c'est juste que ça ne me vient plus à l'idée ! Quand je pense qu'il suffisait de se tapoter pour perdre cette mauvaise habitude ! »

Dans ce livre, vous allez apprendre à modifier vos pensées, vos croyances et vos comportements. Vous allez vous rendre compte que vos dysfonctionnements ou votre manque d'estime de vous-même sont la conséquence de perturbations souvent très anciennes et très bien enfouies. Si bien enfouies que vous les avez oubliées. L'EFT ne va pas rouvrir vos blessures, mais simplement **rétablir le courant là où il ne passe plus.** Vous allez donc apprendre à activer les bons points méridiens en les stimulant du bout des doigts. C'est très facile, cela ne prend que quelques minutes par jour et vos mauvaises habitudes vont disparaître en douceur, sans frustration, sans douleur et pour toujours.

LES CLÉS POUR BIEN PRATIQUER

Soyez précis dans votre analyse

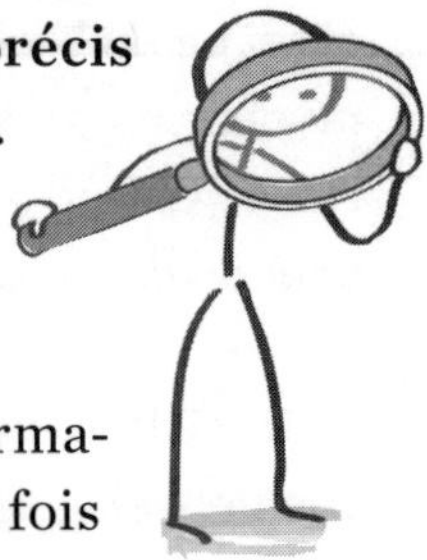

Si vous voulez obtenir de bons résultats avec l'EFT, il faut **être précis** lorsque vous travaillez sur vous. Et pour être précis, il suffit d'identifier l'image la pire de la situation stressante. Lorsque j'observe mes stagiaires en formation, je constate qu'à chaque fois que la séance tourne en rond, c'est toujours à cause du même problème : un mauvais ciblage. Donc, pour bien cibler, retenez les 5 critères suivants :

① **une image** ;
② **une sensation dans le corps** associée à cette image ;
③ **une émotion** ;
④ **une intensité émotionnelle** notée de 0 à 10 ;
⑤ **une pensée négative sur soi.**

Une cible se compose souvent de plusieurs aspects différents qu'il faut traiter les uns après les autres afin d'arriver à un résultat tangible et durable.

Les 5 questions essentielles sont :

- **Question 1 :** « Lorsque je me concentre sur la situation stressante, quelle est l'image la pire qui me vient à l'esprit ? »
- **Question 2 :** « Lorsque je pense à cette image, qu'est-ce que je ressens dans mon corps ? »
- **Question 3 :** « Quelle est l'émotion que je ressens en ce moment même ? »
- **Question 4 :** « Sur une échelle de 0 à 10 (où 0 représente une absence totale d'émotion négative et 10 le maximum d'émotion que je puisse imaginer), à combien est-ce que je me situe ? »
- **Question 5 :** « Et lorsque je pense à cette image et que je ressens cette émotion et cette sensation physique, qu'est-ce que je me dis de négatif sur moi-même ? »

Soyez précis dans vos stimulations

Il est primordial d'**apprendre dès maintenant les emplacements précis des points EFT** grâce au schéma de la p. 48. Je vous recommande aussi d'utiliser les vidéos où je vous montre comment faire des rondes de stimulations (rendez-vous à la dernière page de ce livre).

➔ **Mon conseil en + :** Stimulez vos points EFT avec 2 doigts pour augmenter la surface d'impact et serrez bien vos doigts l'un contre l'autre (sinon vous risquez de rater le point qui mesure à peine 1 mm de diamètre).

LES POINTS EFT EN DÉTAIL

Voici quelques précisions complémentaires concernant la localisation des points EFT de la p. 48 :

› **PK : point karaté.** Il se trouve au milieu de la partie charnue du tranchant de chaque main, entre le haut du poignet et la base du petit doigt. Les karatékas utilisent cette partie de la main pour casser des briques. Vous pouvez stimuler ce point sur la main droite ou gauche. Je vous recommande d'utiliser les 4 doigts de la main opposée pour faire ces stimulations.

› **ST : sommet de la tête.** Si vous tracez une ligne imaginaire depuis le haut de votre oreille jusqu'à l'autre oreille en passant par le sommet de votre crâne et une seconde ligne depuis le bout de votre nez jusqu'à votre nuque, le point ST se trouve à l'intersection des deux lignes.

→

› **DS : début du sourcil.** Ce point se trouve à la naissance des poils des sourcils, juste au-dessus des arêtes nasales, à droite et à gauche.

› **CO : coin de l'œil.** Il se situe juste sur l'os de l'orbite au niveau du coin extérieur des yeux, à droite et à gauche, sur les rides de la patte d'oie.

› **SO : sous l'oeil.** Il se situe à la verticale de la pupille, au niveau de l'os de l'orbite.

› **SN : sous le nez.** Ce point se situe entre le bas du nez et le haut de la lèvre supérieure, au centre.

› **ME : milieu du menton.** Ce point se situe à mi-chemin entre la pointe du menton et le bas de la lèvre inférieure, au niveau de la petite fossette horizontale.

› **SC : sous la clavicule.** Ce point est à la jonction du sternum, de la clavicule et de la première côte. Pour le localiser, vous pouvez aussi placer votre index dans le creux en forme de U dans la partie supérieure du sternum (là où se trouve le nœud de cravate chez les hommes), puis le déplacer vers le bas, d'environ 2,5 cm, et ensuite vers la droite ou vers la gauche de 2,5 cm.

› **SB : sous le bras.** Ce point se situe sous le bras, dans le prolongement de l'aisselle, au milieu du bandeau du soutien-gorge pour les

→

femmes. Pour les hommes, si vous placez le mamelon au centre de la paume de la main, le point se trouve à l'extrémité de votre majeur.

Vous pouvez **aussi bien stimuler les points du côté droit** (avec la main droite ou gauche) **que du côté gauche** (avec la main gauche ou droite), ou bien les deux côtés en même temps, ou encore les deux côtés en alternance. Il n'y a pas de différence, et ce n'est pas deux fois plus efficace si vous utilisez vos deux mains.

Vous pouvez également stimuler le point karaté à droite, puis le début du sourcil à gauche avec votre main droite ou gauche, passer au coin de l'œil à droite, etc. **C'est vous qui choisissez ce qui est le plus confortable ou le plus naturel pour vous.**

Prenez en compte tous les aspects d'une même situation

Dans une situation stressante, il y a toujours plusieurs aspects qui ont été enregistrés par notre inconscient et qu'il faudra traiter. Ce sont les **informations collectées par nos cinq sens** :

ce que nous avons vu, entendu, touché, goûté ou respiré. Dans mon exemple de discours, même s'il s'agit de la peur d'un événement qui ne s'est pas encore produit, je peux avoir des images précises telles que :

- mon visage qui rougit ;
- la mine embarrassée des convives ;
- la raideur de mon corps figé.

Je pourrais avoir aussi des informations auditives, comme :

- des soupirs ;
- des rires moqueurs ;
- mon bégaiement.

Certains de ces aspects ne peuvent apparaître qu'au cours de la séance d'EFT, un peu comme s'ils étaient cachés par d'autres au départ. Il est important de tous les traiter pour arriver à une déprogrammation complète. Pour être sûr de ne rien oublier, interrogez vos cinq sens et posez-vous les questions suivantes.

Lorsque je repense à cet événement douloureux :

- Qu'est-ce que je vois ? Quels sont les détails visuels qui me restent encore en mémoire ?
- Qu'est-ce que j'entends ? La voix d'une personne qui me parle ou qui crie ? Quelle est la tonalité de cette voix ? Quels sont les mots prononcés ? Y a t-il d'autres sons, des bruits, de la musique ?
- Qu'est-ce que je ressens en y pensant ? Qu'ai-je ressenti sur le moment ? Quelle était la température ambiante ?
- Y avait-il une odeur particulière dominante (comme par exemple l'odeur de l'essence dans un accident) ?
- Ai-je aussi ressenti un goût particulier dans ma bouche (le goût du sang par exemple dans le cas d'un coup porté au visage) ?

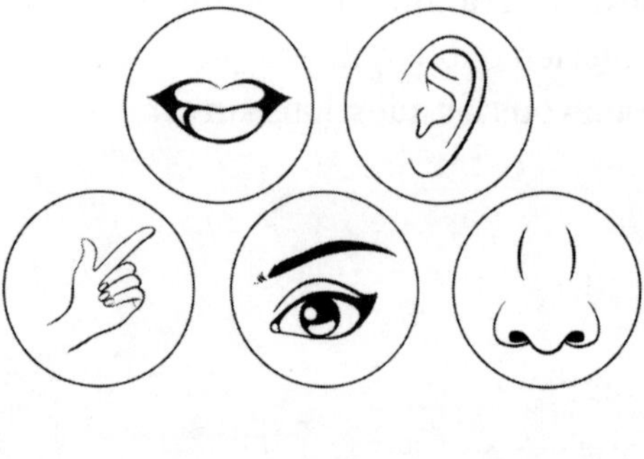

LES POINTS ADDITIONNELS

Les points des doigts

Il existe d'autres points sur les mains qui complètent la ronde de base, que personnellement je trouve très utiles et que j'utilise quasi systématiquement, notamment lorsqu'il y a beaucoup d'émotions car il permettent de rallonger la durée des stimulations et donc de faire baisser encore plus l'intensité. Ils sont aussi utiles lorsque les points classiques ne peuvent être stimulés, par exemple lorsqu'ils sont douloureux ou lorsque vous vous trouvez dans un endroit public et que bien évidemment vous n'allez pas stimuler les points sur votre visage ou votre tête.

Le point de stimulation est au même endroit sur chaque doigt, à savoir **à la base de l'ongle**. Lorsque la paume de votre main droite ou gauche est dirigée vers le sol, il s'agit du **côté le plus près de votre corps**. Lorsque vous stimulez le point à la base de l'ongle de l'index, il s'agit du côté le plus proche du pouce. Et ainsi de suite.

(Pour plus de facilité, le point de l'annulaire n'a pas été inclus dans l'enchaînement représenté sur le schéma ci-après car c'est le seul doigt pour lequel le méridien se trouve de l'autre côté, celui de l'auriculaire.)

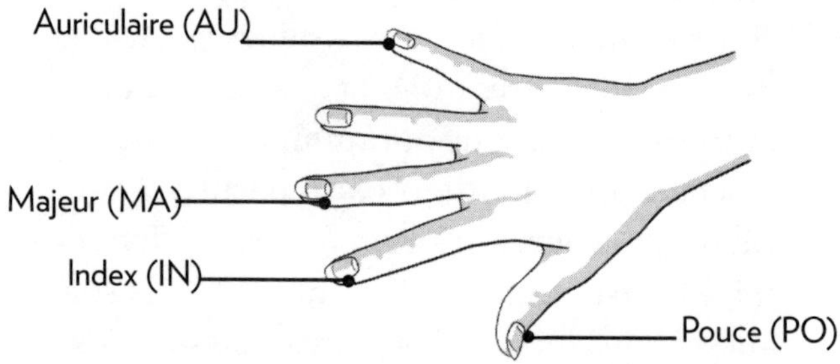

Le point du foie

Le point du foie, situé sous le sein, a été exclu de la ronde de base car il est souvent gênant de le stimuler en public, notamment pour les personnes ayant une poitrine plutôt forte. Il est appelé ainsi parce qu'il correspond au 14e point du méridien du foie qui se trouve à la verticale des mamelons sous les seins :

- **pour les hommes,** il se situe à 2,5 cm sous le centre du mamelon ;
- **pour les femmes,** il se situe juste là où passent les baleines du soutien-gorge, à la verticale des mamelons.

Ce point peut être particulièrement utile lorsqu'on travaille sur **la colère**. Si cela ne pose pas de problème physique, je vous conseille de l'inclure systématiquement dans votre ronde après avoir stimulé le point sous le bras.

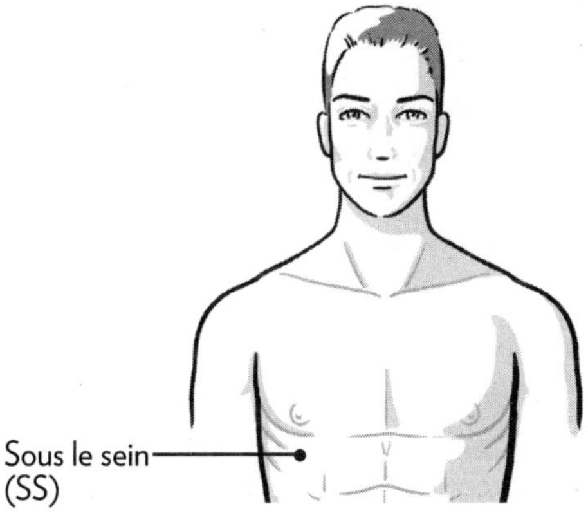

La gamme des 9 actions

L'objectif de cet enchaînement est de mobiliser alternativement les deux hémisphères cérébraux pour les stimuler et les rendre plus réceptifs. Pour cela, on effectue des mouvements oculaires, et on active la partie droite – plus créative – en fredonnant une musique, puis la partie gauche – logique et numérique – en comptant.

La ronde de base (voir p. 43) ainsi que la stimulation des points des doigts (voir p. 71) sont des séquences tellement efficaces qu'en pratique, il est rare d'utiliser cette gamme de 9 actions. Néanmoins, **si rien ne se passe quand vous pratiquez ces deux séquences, je vous conseille d'ajouter l'enchaînement qui suit**.

Pour effectuer ce processus, **10 secondes** suffisent, durant lesquelles vous allez stimuler en continu un point (appelé « point de gamme ») qui se trouve sur le dos de votre main (droite ou gauche), à environ 1 cm/1,5 cm entre la base de l'annulaire et de l'auriculaire (voir schéma ci-après).

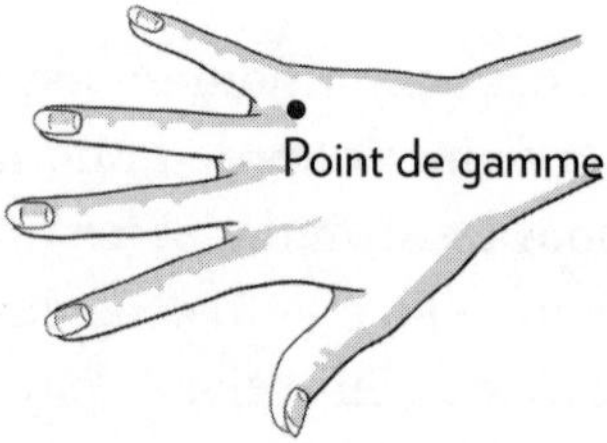

À vous de pratiquer !

Stimulez ce point **avec 3 doigts** *(index, majeur, annulaire) en plaçant l'index entre les métacarpes de l'annulaire et de l'auriculaire.*

Puis enchaînez tranquillement les 9 actions suivantes en stimulant le point de gamme en permanence, tout en gardant votre tête bien droite et immobile :

① *Fermez les yeux.*

② *Ouvrez les yeux.*

③ *Regardez le plus loin possible en bas à droite.*

④ *Regardez le plus loin possible en bas à gauche.*

⑤ *Tournez vos yeux dans le sens horaire, en imaginant que vous avez le nez au milieu d'une immense horloge et que vous essayez de lire les chiffres les uns après les autres.*

⑥ *Faites la même chose dans le sens anti-horaire.*

⑦ *Fredonnez n'importe quel air durant 2 secondes.*

⑧ *Décomptez de 5 à 0 lentement : 5, 4, 3, 2, 1, 0.*

⑨ *Fredonnez à nouveau n'importe quel air durant 2 secondes.*

Choisissez de préférence un air qui soit neutre. Si fredonner l'air de « Joyeux anniversaire » vous connecte à des souvenirs malheureux, changez.

LE PETIT + MALIN

Regardez la vidéo qui vous montre comment mettre en pratique la gamme des 9 actions en scannant ce code ou en tapant l'adresse suivante dans la barre d'adresse de votre navigateur Internet :
http://quotidienmalin.com/EFT-malin

2

L'EFT AU QUOTIDIEN, C'EST FACILE ET MALIN !

Chapitre 1
Au lit le matin

Le son du réveille-matin peut être particulièrement anxiogène, et comme cette première alarme se combine bien souvent avec le pic de cortisol du matin (l'hormone du stress par excellence), il y a fort à parier que cela active votre amygdale. Surtout si la journée s'annonce maussade, avec son lot de contraintes habituelles.

JE N'AI PAS ENVIE DE ME LEVER LE MATIN

Avant même de mettre le nez hors de la couette, demandez-vous ce que cette journée vous réserve de pire. Supposons que vous soyez en retard pour rendre un rapport à votre chef (ou bien votre manuscrit à votre éditrice). **Demandez-vous ce qui vous gêne le plus dans cette situation et travaillez sur cet aspect** en utilisant le plan de travail de la p. 46 :

① Quelle est l'image la pire que vous vous représentez quand vous pensez à cette situation ? Réponse : *« Je vois déjà son air de reproche, il va encore me dire : "Je ne peux jamais compter sur vous". »*

② Lorsque vous avez cette image bien présente dans votre esprit, que ressentez-vous physiquement ? Réponse : *« Je ressens une oppression sur ma poitrine. »*

③ Quelle émotion ressentez-vous ? Réponse : *« De la culpabilité. »*

④ De 0 à 10, à combien estimez-vous cette culpabilité ? Réponse : *« À 7/10. »*

⑤ Quand vous voyez cette image de votre chef avec son air accusateur et que vous entendez déjà ses reproches, que vous ressentez ce poids sur la poitrine et cette culpabilité à 7/10, qu'est-ce que vous vous dites ? Réponse : *« Je vais passer un sale quart d'heure. Je n'ai pas tenu parole. Je ne suis pas fiable. »*

Vous disposez ainsi de tous les éléments pour commencer votre travail. Vous pouvez rester sous la couette ou bien vous asseoir sur le bord de votre lit.

À vous de pratiquer !

Stimulez votre point karaté *(voir p. 47) en répétant à voix haute (ou basse si votre conjoint dort encore à côté de vous) : « Même si je suis en retard dans la remise de mon rapport et que je vais me faire reprendre par mon chef, je m'accepte tel que je suis. »*

Puis commencez ***votre première ronde*** *(voir p. 43) en stimulant une dizaine de fois chaque point et en répétant une seule fois la phrase de rappel. Il ne s'agit ici que d'un exemple, en pratique vous dites ce qui vous vient en tête, dans l'ordre dans lequel les idées vous viennnent.*

- *Sommet de la tête : « Je vois déjà son air de reproche. »*
- *Début du sourcil : « Il va encore me dire : "Je ne peux jamais compter sur vous". »*
- *Coin de l'œil : « Cette oppression sur ma poitrine. »*
- *Sous l'œil : « Je n'ai pas tenu parole. »*
- *Sous le nez : « Je me sens coupable. »*
- *Milieu du menton : « Je ne suis pas fiable. »*

- *Sous la clavicule : « Je vais passer un sale quart d'heure. »*
- *Sous le bras : « Je suis en retard sur mon dossier. »*

Faites une pause, respirez profondément une ou deux fois, et reprenez :

1. *Quelle est l'image la pire que vous vous représentez quand vous pensez à cette situation ? Réponse : « Je vois toujours son air de reproche et ça me fait penser à ce qui s'est passé il y a deux mois, je suis sûr qu'il va remettre cette affaire sur la table. »*
2. *Lorsque vous avez cette image bien présente dans votre esprit, que ressentez-vous physiquement ? Réponse : « Je ressens la même oppression sur la poitrine, mais moins forte. »*
3. *Quelle émotion ressentez-vous ? Réponse : « De la culpabilité, mais je sens également poindre de la colère. »*
4. *De 0 à 10, à combien estimez-vous ces émotions ? Réponse : « La culpabilité à 4/10 et la colère à 6/10. »*
5. *Quand vous voyez cette image, que vous ressentez cette sensation physique ainsi que ces émotions, qu'est-ce que vous vous*

dites maintenant ? Réponse : « J'en ai marre, c'est toujours moi qui trinque pour les autres. »

➔ **Mon conseil en + :** Dès que l'on commence le travail en EFT, d'autres aspects du même problème apparaissent. Il est aussi fréquent que d'autres souvenirs fassent surface. Notez-les donc dans un coin de votre tête pour les travailler ensuite.

Stimulez votre point karaté *en répétant à voix haute (ou basse si votre conjoint dort toujours à côté de vous) : « Même si j'entends déjà ses reproches et qu'il va certainement me sortir cette vieille affaire, je m'accepte tel que je suis. »*

Puis enchaînez avec **la deuxième ronde** *en stimulant une dizaine de fois chaque point et en répétant une seule fois la phrase de rappel :*

- *Sommet de la tête : « Je vois déjà son air de reproche. »*
- *Début du sourcil : « Il va me ressortir cette vieille affaire. »*
- *Coin de l'œil : « Cette colère qui monte en moi. »*

› *Sous l'œil : « J'en ai marre de trinquer pour les autres. »*
› *Sous le nez : « Je vois déjà son air de reproche. »*
› *Milieu du menton : « Il va me ressortir cette vieille affaire. »*
› *Sous la clavicule : « Cette colère qui monte en moi. »*
› *Sous le bras : « J'en ai marre de trinquer pour les autres. »*

Faites une pause, respirez profondément une ou deux fois, reprenez l'image de départ et continuez à pratiquer de la sorte ***jusqu'à ce que l'intensité de l'émotion ressentie soit à 0.*** *Vous remarquerez qu'une nouvelle émotion est apparue au cours de la séance (la colère). Cela arrive parfois. Il s'agit d'un* ***autre aspect que vous traiterez de la même manière****.*

➔ **MON CONSEIL EN + :** Si d'autres souvenirs apparaissent durant la séance, finissez d'abord le travail commencé sur la première cible avant de passer aux suivantes.

JE ME LÈVE TOUJOURS DU PIED GAUCHE

Si vous êtes du genre « ronchon le matin », que vous vous levez systématiquement du pied gauche et que vous ne pouvez pas décrocher un mot avant d'avoir ingurgité votre café au grand dam de votre conjoint, vous pouvez utiliser directement l'EFT sur votre émotion (la colère, le ressentiment) et utiliser des métaphores du style : *« Même si je me sens en colère et que j'ai envie de bouffer tout le monde autour de moi, je m'accepte tel que je suis. »*

Ensuite, effectuez une ronde de stimulations en répétant une fois à chaque point : *« Je me sens en colère », « J'ai pas envie de me lever », « J'ai pas envie de parler », « Je veux qu'on me foute la paix », « Je suis de mauvaise humeur »*, etc. Utilisez les mots qui sont les vôtres, tels qu'ils vous viennent et **ne vous censurez pas**. Si vous avez envie de dire des gros mots, ne vous en privez pas.

Si vous êtes systématiquement en colère le matin, c'est probablement parce que vous avez de bonnes raisons à cela : prenez un temps pour les analyser, recherchez les événements qui en sont à l'origine, et traitez-les avec l'EFT de la même manière que précédemment.

➔ **Mon conseil en + :** Si vous vous sentez particulièrement brumeux au réveil parce que la nuit a été courte ou que vous avez du mal à remettre vos idées en place, asseyez-vous sur le bord de votre lit et stimulez les deux points qui se trouvent sous vos clavicules (voir p. 14) durant 1 minute afin de retrouver vos esprits. Si vous ne parvenez toujours pas à émerger, appuyez fortement avec votre pouce juste sous votre nez durant 30 secondes. Ce point est utilisé par certains urgentistes pour restituer les personnes dans le présent.

Chapitre 2

Dans votre salle de bains

LA ROUTINE ÉNERGÉTIQUE, L'ATOUT MATINAL

La salle de bains est l'endroit idéal pour débuter votre journée en EFT, si vous avez raté l'occasion de travailler dès votre réveil. Et notamment en commençant par la routine énergétique. Parfois, le système énergétique est tellement perturbé que les blocages ne cèdent pas. Cette méthode quotidienne a été développée par Donna Eden dans son livre *Médecine énergétique**. Elle a regroupé un ensemble de pratiques ancestrales qu'elle a mises au point pour nous **permettre en 5 minutes de réharmoniser nos énergies et de les faire circuler dans le bon sens.** Comment savoir si vous avez besoin de cette routine ? C'est simple : si vous vous sentez dans une forme olympique, c'est que votre énergie circule bien. Si ce n'est pas le cas, alors allez-y, vous verrez, c'est surprenant !

Lorsque les énergies circulent naturellement, les activités telles que la marche nous stimulent. À l'inverse, lorsque nous sommes fatigués, les activités qui nous donnaient du tonus commencent à nous épuiser. Donna Eden l'explique ainsi : « dans ce cas, vos méridiens ont commencé à circuler en sens inverse. Votre corps vous oblige à ralentir afin de pouvoir se rééquilibrer, se débarrasser des toxines et se régénérer dans la magie reconstituante qu'est le sommeil. En accélérant votre fatigue chaque fois que vous faites un effort pour avancer, votre corps essaie de vous obliger à vous reposer lorsque vous en avez besoin ».

* Donna Eden et David Feinstein, *Médecine énergétique*, Ariane, 2005.

La routine énergétique quotidienne se compose de **5 exercices** qui durent chacun moins d'une minute, à faire le matin dans votre salle de bains.

① Les trois coups.
② Le crawl croisé.
③ La posture de Wayne Cook.
④ La traction de la couronne.
⑤ Remonter la fermeture Éclair.

Certaines de ces techniques auront un impact différent d'une personne à l'autre, mais lorsqu'elles sont associées, elles se renforcent et équilibrent le champ énergétique. Il est fréquent de remarquer des **améliorations progressives de la force physique, de la vitalité et de la santé en général**.

1. Les trois coups

Certains points de votre corps, lorsque vous les stimulez avec les doigts, affectent le champ énergétique de façon prévisible, envoyant des impulsions électrochimiques à votre cerveau et libérant des neurotransmetteurs. En stimulant 3 ensembles précis de points, vous pouvez activer une séquence de réactions qui vous rechargeront en cas de fatigue, augmenteront votre vitalité et renforceront votre système immunitaire lors de périodes de stress. Vous en viendrez à savoir instinctivement lorsque vous aurez besoin de stimuler ces points.

Aussi, ne vous souciez pas trop de trouver l'emplacement précis de chaque point. Si vous utilisez **plusieurs doigts** pour stimuler la zone décrite, vous atteindrez le bon endroit.

Les points clavicules

Stimuler vos deux points sous les clavicules (SC, les mêmes que ceux utilisés dans la ronde p. 43) est un exercice simple qui vous recharge si vous êtes somnolent et vous permet de vous concentrer si vous éprouvez des difficultés d'attention. Ces points de jonction affectent toutes vos voies énergétiques. Le fait de les travailler signale à votre cerveau qu'il doit ajuster vos énergies afin que vous puissiez vous sentir plus alerte et plus efficace.

À vous de pratiquer !

*Stimulez ou massez les points fermement (durée : environ **30 secondes**), tout en **respirant profondément** : inspirez par le nez et expirez par la bouche. Servez-vous de votre pouce et de vos doigts pour stimuler ou masser les deux points à la fois.*

Ensuite, vous pouvez augmenter l'effet en enfonçant le majeur d'une main dans votre nombril et en posant les doigts de votre autre main sur les points SC. En gardant votre doigt dans le nombril, tirez vers le haut le temps de deux ou trois respirations profondes. Vous sentirez une traction dans votre bas-ventre.

Le thymus

La stimulation du thymus est une technique simple qui :

- stimule votre énergie ;
- booste votre système immunitaire ;
- accroît votre tonus et votre vitalité.

À vous de pratiquer !

Effectuer des percussions avec vos doigts sur votre thymus le réveille et l'aligne : en respirant profondément, stimulez fermement le point du thymus des 4 doigts de chaque main (durée : environ ***20 secondes****).*
Le thymus se trouve juste entre les seins, au centre de la poitrine.

Les points de la rate

Tapoter les points neurolymphatiques de votre méridien de la rate est une façon rapide :

- d'augmenter votre niveau d'énergie ;
- d'équilibrer votre chimie sanguine ;
- de renforcer votre système immunitaire.

Contrairement aux points d'acupuncture, qui se trouvent le long des méridiens d'acupuncture, les points neurolymphatiques font partie du système lymphatique. Parce que la rate est essentielle au fonctionnement du système immunitaire, la stimulation de vos points réflexes neurolymphatiques sert à synchroniser les rythmes de votre corps, à harmoniser ses énergies et ses hormones, à évacuer les toxines, à lutter contre l'infection, à combattre un malaise général durant ou après un stress, à combattre l'étourdissement, à moduler la chimie sanguine et à mieux métaboliser la nourriture.

À vous de pratiquer !

Il s'agit d'un point situé en dessous de celui utilisé en EFT « sous le sein » *(voir p. 73)**, sur la dernière côte.* ***Stimulez ce point des deux côtés fermement avec plusieurs doigts*** *(durée : environ* ***15 secondes****). Respirez profondément, en inspirant par le nez et en expirant par la bouche. Ce point est distinct de celui du méridien du foie utilisé en EFT, il se situe plus bas.*

L'activation successive de ces 3 endroits – clavicules, thymus et rate – doit vous prendre à peine plus d'une minute. Passez ensuite à l'exercice suivant.

2. Le crawl croisé

Le crawl croisé facilite le croisement de l'énergie entre les hémisphères droit et gauche du cerveau. Il vous aidera à :

- vous sentir plus équilibré ;
- penser plus clairement ;

- améliorer votre coordination ;
- harmoniser vos énergies.

Le crawl croisé vous paraîtra sans doute particulièrement utile si, par exemple, vous vous sentez physiquement et mentalement épuisé sans raison apparente, si votre état empire au lieu de s'améliorer après un exercice physique, si vous êtes en train de devenir léthargique et sans motivation ou si vous vous sentez en déséquilibre après avoir porté une valise, un sac en bandoulière ou un enfant.

➔ **MON CONSEIL EN + :** Si vous faites cet exercice isolément, avant de le commencer, tapotez vos points SC (sous les clavicules) pour vous assurer que vos énergies circulent dans leur direction naturelle.

Pratiquer le crawl croisé est aussi simple que de marcher sur place (durée : environ **1 minute**).

À vous de pratiquer !

① *Dans la position debout, levez simultanément le bras droit et la jambe gauche.*
② *En les laissant redescendre, levez le bras gauche et la jambe droite.*

③ *Répétez cet enchaînement en exagérant le mouvement de votre jambe et l'élan de votre bras ; ils doivent traverser la ligne médiane du côté opposé de votre corps.*

④ *Poursuivez cette marche exagérée pendant au moins 1 minute, toujours en inspirant profondément par le nez et en expirant par la bouche, puis passez à l'exercice suivant.*

L'exercice du crawl croisé

3. *La posture de Wayne Cook*

La posture de Wayne Cook* peut vous aider à :

- démêler le chaos intérieur ;
- voir la situation d'un meilleur point de vue ;
- vous concentrer plus efficacement ;
- penser plus clairement ;
- apprendre avec plus de facilité.

Pour effectuer la posture de Wayne Cook, asseyez-vous sur une chaise, le dos bien droit (durée : environ **2 minutes**).

À vous de pratiquer !

① *Placez le pied droit sur le genou gauche. De la main gauche, entourez votre cheville droite et de la main droite, enveloppez la partie antérieure de la plante du pied droit.*

Première étape : assis, un pied posé sur le genou opposé

* Wayne Cook est un pionnier dans la recherche sur les champs de force bioénergétiques. C'est lui qui a inventé cette approche. Donna Eden l'a modifiée sous la forme présentée ici.

② *Inspirez lentement par le nez, en laissant le souffle soulever votre corps. En même temps, tirez votre jambe vers vous, en provoquant un étirement. Expirez lentement par la bouche, en laissant votre corps se relaxer. Répétez 4 ou 5 fois ce lent mouvement de respiration et d'étirement.*

③ *Changez de pied : placez votre pied gauche sur votre genou droit. De la main droite, enveloppez votre cheville gauche et de la main gauche, la partie antérieure de la plante du pied gauche. Respirez de la même façon.*

④ *Décroisez les jambes et joignez le bout de vos doigts pour former une pyramide. Posez les pouces sur votre « troisième œil », juste au-dessus de l'arête du nez. Inspirez lentement par le nez. Puis expirez par la bouche en laissant vos pouces se séparer lentement vers les côtés du front, en étirant la peau.*

Deuxième étape : le troisième œil

⑤ *Ramenez vos pouces à la hauteur du troisième œil. Abaissez lentement vos mains devant vous, en les joignant en position de prière, tout en respirant profondément. Abandonnez-vous à votre propre respiration.*

4. La traction de la couronne

La traction de la couronne permet de libérer le trop-plein d'énergie stagnante qui s'accumule en haut de la tête. « Elle dégage votre esprit de ses toiles d'araignée et apporte le calme à votre système nerveux », souligne Donna Eden. Elle peut également faire disparaître un mal de tête ou d'estomac provoqué par le stress.

Pendant que vous faites la traction de la couronne, respirez profondément, en inspirant par le nez et en expirant par la bouche (durée : environ **15 secondes**).

À vous de pratiquer !

› *Posez les pouces sur les tempes, de chaque côté de la tête. Posez le bout des doigts recourbés juste au-dessus du centre de chaque sourcil.*

› *Lentement et avec de la pression, écartez les mains afin de tendre la peau juste au-dessus des sourcils.*

› *Posez le bout des doigts à mi-hauteur du front (toujours au-dessus du centre de chaque sourcil), et tendez à nouveau la peau.*

› *Posez le bout des doigts à la naissance de vos cheveux, et tendez à nouveau la peau.*

Première étape de la traction de la couronne

› *Posez le bout des doigts au sommet de la tête, avec les auriculaires à la racine des cheveux. Appuyez et écartez les mains l'une de l'autre, comme si vous sépariez votre tête en deux.*

› *Posez le bout des doigts entre le sommet et l'arrière de la tête, et de nouveau appuyez et éloignez vos mains l'une de l'autre.*

› *Posez enfin le bout des doigts sur l'arrière bombé de la tête, et tendez à nouveau la peau.*
› *Répétez chacune de ces étapes au moins 1 fois.*

Deuxième étape de la traction de la couronne

5. *Remonter la fermeture Éclair*

Lorsque vous vous sentez triste ou vulnérable, le méridien central (ou conception), la voie énergétique qui gouverne votre système nerveux central, peut canaliser vers vous les pensées et les énergies négatives des autres, à la manière d'un récepteur radio. C'est comme si vous étiez ouvert et exposé. Le méridien central est comme une fermeture Éclair qui va de votre os pubien jusqu'à votre lèvre inférieure, au-dessus du menton. Vous pouvez donc utiliser les énergies électromagnétiques et les énergies plus subtiles de vos mains pour « remonter la fermeture Éclair ». Le fait de remonter les mains le long du méridien central attire l'énergie le long de cette ligne.

Remonter la fermeture Éclair vous aidera à :

- vous sentir plus confiant et positif à propos de vous-même et du monde ;
- penser plus clairement ;
- tirer parti de vos forces intérieures ;
- vous protéger des énergies négatives qui peuvent vous entourer.

À vous de pratiquer !

› *Alors que vous êtes debout, stimulez vivement les points SC pour vous assurer que vos méridiens circulent dans la bonne direction.*

› *Placez une main au bas du méridien central, qui se trouve sur votre os pubien.*

› *Inspirez profondément tout en déplaçant votre main lentement le long du centre de votre corps, jusqu'à votre lèvre inférieure. Répétez 3 fois. Cela va très vite et ne vous demandera que 5 secondes tout au plus pour remonter trois fois de suite votre « fermeture Éclair ».*

Voilà la direction naturelle de la circulation du méridien. En suivant sa direction, vous renforcez le méridien et celui-ci, à son tour, vous renforce. Vous pouvez remonter la fermeture Éclair du méridien central **aussi souvent que vous le voulez**. Encore une fois, si vous vous souvenez de **respirer profondément** lorsque vous pratiquez cet exercice, vous commencerez à vous sentir centré et maître de vous-même ainsi que de votre force. Le méridien central est très sensible aux pensées et aux sentiments des autres, autant qu'aux vôtres.

Voilà, vous connaissez maintenant les 5 outils de la trousse de secours. Vous pouvez les utiliser à volonté et aussi souvent que vous le souhaitez. Mais sachez que pour entreprendre un bon démarrage et bénéficier de tous leurs bienfaits, je vous recommande de les pratiquer tous les cinq **chaque matin, au moins pendant 1 mois**, comme une petite routine énergétique indispensable avant d'entamer votre journée. Cela vous prendra 3 à 4 minutes, juste après le saut du lit, ou avant de vous brosser les dents, ou après votre douche. Ensuite, vous pourrez y recourir seulement en cas de besoin. C'est votre corps qui le sentira et vous le fera savoir !

Josiane, 55ans

« J'ai de suite adopté la routine énergétique dès que je l'ai essayée. Je ressens un bien-être immédiat, comme si l'énergie se mettait en circulation dans mon corps. Je la pratique dès le matin, puis à différentes reprises dans ma journée, notamment lorsque je ressens un "coup de barre". Elle me permet à la fois de me recentrer et de me stimuler. »

LE PETIT + MALIN

Regardez ma démonstration en vidéo pour vous aider à intégrer cette routine énergétique quotidienne dans votre vie. Il vous suffit de scanner ce code ou de taper l'adresse suivante dans la barre d'adresse de votre navigateur Internet : http://quotidienmalin.com/EFT-malin

MIROIR, MON BEAU MIROIR

Pratiquer l'EFT face à un miroir peut être carrément éprouvant pour les personnes qui souffrent d'un **déficit d'estime de soi**, et notamment lorsque cela est causé par leur propre reflet dans le miroir.

Si vous faites partie des personnes qui détournent les yeux lorsqu'elles croisent leur regard dans la glace, je vous conseille d'utiliser cette méthode.

À vous de pratiquer !

Stimulez votre point karaté en répétant 1 ou 2 fois à voix haute :

« Même si je suis incapable de croiser mon regard dans le miroir et que je n'ai pas envie de me regarder, je m'ouvre à l'idée de m'accepter un jour. De cette manière, il me sera ensuite beaucoup plus facile de dire que "je m'accepte tel que je suis"... »

Puis commencez votre première ronde en stimulant une dizaine de fois chaque point et en répétant une seule fois la phrase de rappel :

- *Sommet de la tête : « Je suis incapable de croiser mon regard dans la glace. »*
- *Début du sourcil : « Je ne supporte pas de me regarder. »*
- *Coin de l'œil : « Je n'aime pas mon image. »*

- *Sous l'œil : « Je me sens mal devant ce miroir. »*
- *Sous le nez : « Je suis incapable de croiser mon regard dans la glace. »*
- *Milieu du menton : « Je ne supporte pas de me regarder. »*
- *Sous la clavicule : « Je n'ai pas envie de me voir. »*
- *Sous le bras : « Je n'aime pas mon visage. »*

Si l'émotion négative est forte, enchaînez avec les stimulations au niveau de l'une des mains (voir p. 71) :

- *À la base de l'ongle du pouce : « Je n'aime pas mon reflet dans la glace. »*
- *À la base de l'ongle de l'index : « Je ne supporte pas de me regarder. »*
- *À la base de l'ongle du majeur : « Je n'aime pas mon image. »*
- *À la base de l'ongle du petit doigt : « Je n'ai pas envie de me regarder. »*
- *Sur le point karaté : « Je n'ai vraiment pas envie de me regarder. »*
- *Sur le dos de la main (point de gamme, voir p. 74) : « Je n'aime pas mon reflet dans la glace. »*

Jetez alors un coup d'œil dans la glace : est-ce possible de vous regarder maintenant ? Si la réponse est non, recommencez l'enchaînement ci-dessus.

Si oui, observez-vous plus attentivement. Qu'est-ce qui vous déplaît ? Soyez précis : est-ce vos traits ? votre peau ? votre regard ? Analysez le plus finement possible ce qui vous gêne, puis créez votre nouvelle phrase et travaillez avec elle en utilisant la méthode de base ou bien la méthode longue (en ajoutant les points de la main).

STIMULER LES POINTS SOUS LA DOUCHE

Personnellement, c'est la manière que je préfère pour pratiquer l'EFT et relâcher les tensions avant le démarrage de la journée.

Faites couler la douche à la température qui vous convient le mieux et, avant même de vous savonner, faites 1 ronde ou 2 d'EFT. Vous n'êtes même pas obligé de parler : vous pouvez vous concentrer sur la sensation de l'eau qui coule sur votre peau et simplement stimuler vos points.

Si vous êtes toujours préoccupé, ou si vous avez raté l'étape avant de vous lever, vous pouvez alors rattraper ici le tout premier exercice du chapitre 1 « Au lit le matin » (voir p. 79).

PRATIQUER EN PENSÉE EN VOUS BROSSANT LES DENTS

Cette manière de pratiquer peut sembler surprenante, car **il ne s'agit pas de stimuler les points concrètement mais seulement de penser que vous le faites.**

À vous de pratiquer !

Vous êtes debout, face à la glace, votre brosse à dents dans la bouche.

Mentalement, répétez votre phrase de démarrage (voir p. 46) en regardant votre point karaté et en imaginant que vous le stimulez.

Puis, alors que vous continuez à vous brosser les dents, concentrez-vous sur chaque point en pensant à votre problème et en répétant juste une phrase courte de rappel dans votre tête.

➔ **MON CONSEIL EN + :** Vous pouvez procéder ainsi dans toutes les situations sociales dans lesquelles la proximité avec les autres personnes vous empêcherait de pratiquer l'EFT.

Chapitre 3

Pendant vos trajets quotidiens

STIMULEZ-VOUS – DISCRÈTEMENT ! – DANS LES TRANSPORTS

Dans le bus, dans le métro ou dans le train, vous pouvez utiliser discrètement l'EFT pour vous calmer si la situation le demande et éviter ainsi de vous énerver si le bébé de la dame installée à quelques sièges de vous est en train de manifester de plus en plus bruyamment son mal-être.

Voici quelques conseils pour pratiquer en toute discrétion :

- Vous pouvez **masser ou frotter les points** au lieu de les tapoter. Si vous frottez le haut de votre tête, les gens qui vous observent croiront que vous vous grattez, tout simplement. Idem pour les points autour des yeux (racine des sourcils, coin des yeux et sous les yeux).
- Pour le point sous le nez, vous pouvez simplement **appuyer dessus et le maintenir** en effectuant 3 longues respirations.
- Pour le point sous la bouche (milieu du menton), vous pouvez facilement laisser croire que vous soutenez votre tête avec votre index et votre majeur.
- Massez ensuite les points sur le torse, et les autres n'y verront que du feu...

Pendant que vous réalisez ces stimulations, **prenez votre temps** : vous pouvez tenir ou frotter chaque point plus longtemps (une vingtaine de secondes) et marquer des pauses (par exemple, stimulez 3 points, puis patientez 30 secondes avant de passer aux trois suivants).

Concentrez-vous sur ce qui vous gêne (les hurlements du bébé) ou sur ce qui vous préoccupe (la présentation que vous devez faire devant des clients importants).

Reprenez la méthode telle que je l'ai définie à la p. 43. Puis commencez votre « séance » :

À vous de pratiquer !

Frottez votre point karaté et répétez la phrase de préparation suivante dans votre tête : « Même si je ne supporte pas les cris de ce bébé et que je trouve que sa mère pourrait s'en occuper, je m'accepte tel que je suis. »

Puis stimulez vos différents points en répétant une seule fois les phrases de rappel :

- *Frottez le haut de votre tête et pensez : « Je ne supporte pas ces cris. »*
- *Début du sourcil : « C'est vraiment insupportable. »*
- *Coin de l'œil : « Elle pourrait le faire taire. »*
- *Sous l'œil : « C'est un manque de respect pour tout le monde. »*
- *Sous le nez : « Ces cris m'insupportent. »*
- *Milieu du menton : « Faites-le taire. »*
- *Sous la clavicule : « C'est insupportable. »*
- *Sous le bras : « Ces cris m'énervent. »*

Insistez également sous le sein (voir p. 73), car c'est le point de la colère : « Ça me met en colère. »

Observez ce qui se passe en vous et la manière dont vous vous calmez. Si de nouvelles pensées émergent, si vous faites des liens, prenez-en conscience et travaillez-les. Par exemple, le « sans-gêne » de cette maman qui laisse pleurer son bébé peut vous connecter à un autre souvenir où vous avez été confronté à une situation autrement plus dérangeante. Si l'émotion que vous ressentez en y pensant est élevée, gardez ce souvenir pour plus tard. **Évitez de vous activer trop fortement en public.** En revanche, pensez à **noter ce souvenir par écrit**, sur un papier ou dans votre smartphone, afin de pouvoir le traiter plus tard.

LE PETIT + MALIN

Regardez comment pratiquer discrètement l'EFT dans les transports publics dans la vidéo dédiée. Il vous suffit de scanner ce code ou de taper l'adresse suivante dans la barre d'adresse de votre navigateur Internet :
http://quotidienmalin.com/EFT-malin

L'EFT EN MARCHANT !

Deux de mes amis australiens, le Dr David Lake, psychothérapeute, et Steve Wells, psychologue, ont simplifié la technique EFT de manière à permettre à leurs patients de l'utiliser tout au long de la journée. Ils l'ont appelée SET pour « Simple Energy Technique » (technique énergétique simplifiée). Steve Wells est d'ailleurs le premier professionnel à publier une étude sur l'efficacité de l'EFT* sur des personnes souffrant de phobies spécifiques, effectuée sur des petits animaux. Il a également étudié le trouble d'angoisse généralisé, le fameux « TAG ». Il a demandé à un groupe d'anxieux de stimuler les points des doigts en se servant de l'index puis du pouce, sans rien dire, et n'importe quand dans la journée. Comme la plupart des anxieux sont activés par leurs pensées quelle que soit la situation dans laquelle ils se trouvent, la pratique de ce rituel de stimulations permet de

* S. Wells, K. Polglase, H.B. Andrews, P. Carrington et A. H. Baker, « Evaluation of a Meridian-Based Intervention, Emotional Freedom Techniques (EFT), for Reducing Specific Phobias of Small Animals », *Journal of Clinical Psychology*, septembre 2003, vol. 59 (9), p. 943-966.

désensibiliser leurs angoisses. Dans son étude, Steve a observé une réduction notable de leur niveau d'anxiété au fil du temps.

À vous de pratiquer !

Fermez l'un ou l'autre de vos poings (ou même les deux), le pouce étant recouvert par les autres doigts. Dans cette position, votre index vient couvrir naturellement le point du pouce (voir p. 72). Vous allez donc l'utiliser pour stimuler cette partie de votre pouce.

Puis, en utilisant le pouce, vous allez stimuler le point à la base de l'ongle de l'index, puis du majeur, de l'annulaire et de l'auriculaire (voir p. 72).

(Notez que, pour faciliter la séquence, nous stimulons aussi le point de l'annulaire, cela vous évite de devoir penser à « sauter » ce doigt.)

Il ne vous reste plus qu'à tester cette méthode : si vous vous sentez anxieux, n'hésitez donc pas à vous servir de cette routine. L'avantage est que vous pouvez stimuler les points sur votre main très discrètement, en gardant les mains dans vos poches par exemple.

Attention toutefois à ne pas remplacer un TAG par un TOC (le célèbre trouble obsessionnel compulsif) !

LE PETIT + MALIN

Regardez ma vidéo de démonstration pour pratiquer discrètement l'EFT en stimulant les points avec une seule main. Il vous suffit de scanner ce code ou de taper l'adresse suivante dans la barre d'adresse de votre navigateur Internet :
http://quotidienmalin.com/EFT-malin

LES POINTS D'URGENCE (REMAP®)

Steve Reed est un thérapeute américain qui vit au Texas et qui a mis au point une technique voisine de l'EFT utilisant également des points méridiens soigneusement sélectionnés. Les deux premiers points REMAP® sont tellement puissants qu'ils sont **vivement déconseillés pour les femmes enceintes**. En séance de psychothérapie, j'utilise ces points pour **calmer les montées émotionnelles très fortes**. Dans la vie de tous les jours, vous pouvez vous en servir lorsque vous ne pouvez pas stimuler les points EFT, par exemple. **En cas de stress, il suffit de masser chaque point durant 1 minute, puis de passer au suivant.**

1 Le **1er point** se trouve sur le dos de la main, à l'intersection des métacarpes du pouce et de l'index.

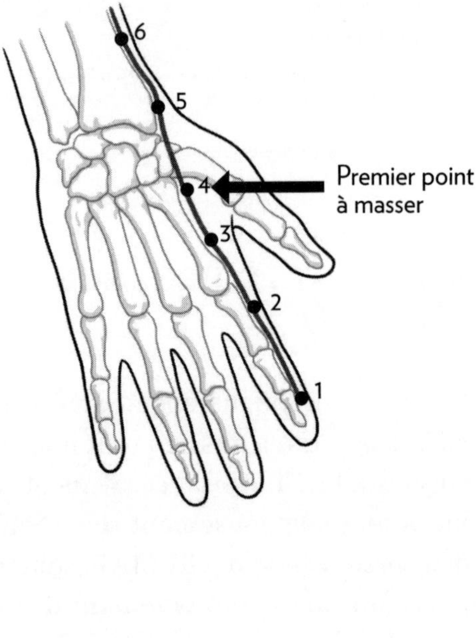

2 Le **2e point** se trouve en partant du bas de la rotule. De là, descendre juste en dessous du renflement (tubérosité tibiale), au-dessus de l'os de la jambe (tibia). À partir du dessous du renflement, se déplacer d'un quart de pouce vers l'extérieur de cet os (latéralement du bord antérieur du tibia).

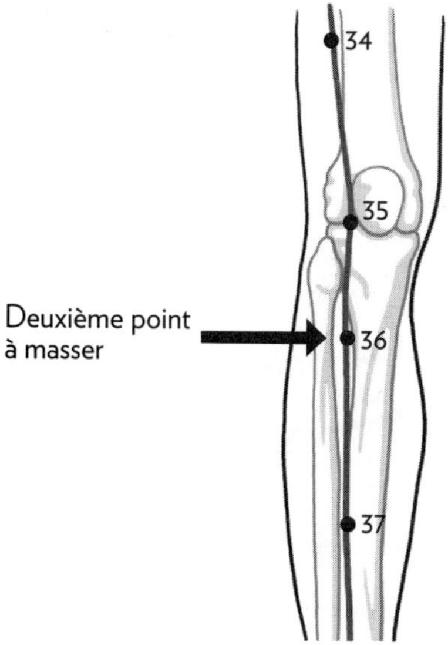

3 Le **3e point** est simple à trouver : il se situe entre les sourcils, à la racine du nez.

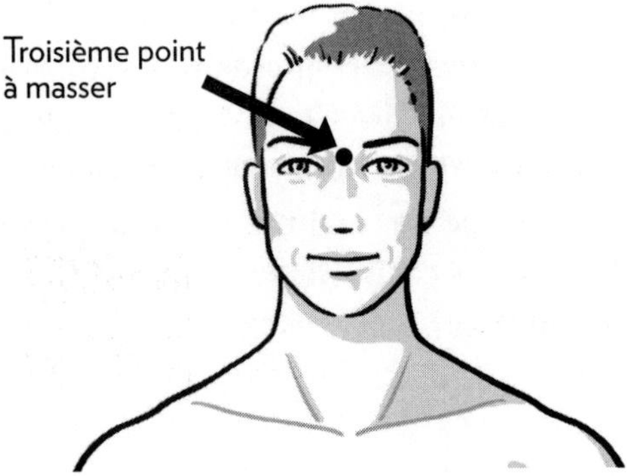

4 Le **4e point** se trouve dans l'oreille : trouvez le point le plus haut, puis glissez légèrement vers l'avant.

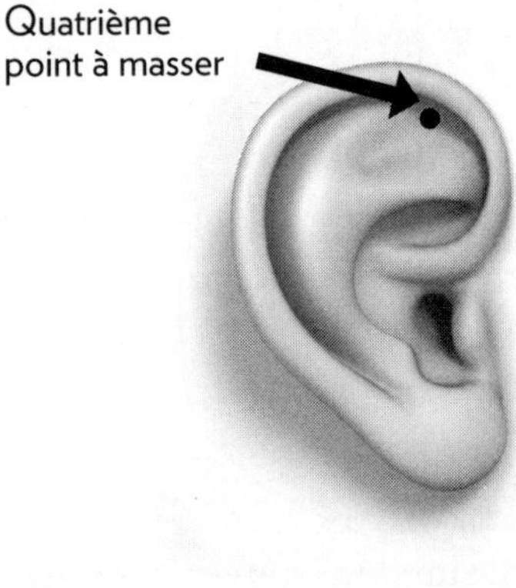

LE PETIT + MALIN

Regardez ma démonstration en vidéo pour bien trouver et stimuler les points REMAP (la vidéo est plus claire, notamment pour identifier le point au-dessous du genou. Il vous suffit de scanner ce code ou de taper l'adresse suivante dans la barre d'adresse de votre navigateur Internet : http://quotidienmalin.com/EFT-malin

AU VOLANT !

J'ai découvert une façon très utile de se servir de l'EFT pour se calmer au volant de sa voiture ! Les occasions ne manquent pas : entre les chauffards qui vous font des queues de poisson ou qui vous klaxonnent à répétition (l'enfer, c'est les autres), les embouteillages ou encore les radars, vous trouverez forcément une occasion de pratiquer l'EFT... Si vous êtes passager, vous n'aurez pas de problème à pratiquer pour autant que le conducteur soit informé de la technique.

Si vous êtes seul dans votre véhicule et que, comme de très nombreuses personnes, vous souffrez d'anxiété au volant, l'EFT devrait très certainement vous aider. Dans les embouteillages, vous pourrez sans problème vous servir de vos deux mains pour pratiquer, mais lorsque vous roulez, cela se complique. Si les conditions de circulation vous le permettent, vous pouvez faire une séance **en vous servant du volant comme support à vos stimulations** pour le point karaté et pour les points des doigts.

POUR L'ANECDOTE...

Voici un exemple réel de la façon dont j'ai pu utilement recourir à l'EFT pour calmer mon stress en voiture. Un soir d'hiver, je roulais sur l'autoroute enneigée qui relie Genève à Lyon. La neige tombante formait un épais rideau et la visibilité était mauvaise. Soudain, dans un virage, une grosse masse noire allongée sur le sol apparaît dans le halo des phares. Je n'ai pas pu l'éviter malgré mon coup de volant. Plusieurs voitures arrêtées sur le bas-côté avaient dû la percuter avant moi. J'ai bien failli heurter l'une d'entre elles. J'ai senti monter l'adrénaline

→

en moi, en un instant mon cœur s'est mis à battre la chamade. J'ai alors compris qu'il s'agissait d'un sanglier déjà mort et allongé en travers de la chaussée. Instantanément, je me suis mis à stimuler le point sous la clavicule gauche avec la main gauche durant plusieurs minutes. Petit à petit, je me suis calmé, mon cœur a ralenti. Je me suis arrêté quelques kilomètres plus loin en sécurité sur une aire de repos afin de constater les résultats du choc. Il n'y avait rien. J'ai fait alors plusieurs rondes d'EFT pour nettoyer l'impact de cette peur : *« Même si j'ai failli avoir un accident, je m'accepte tel que je suis »*, *« Même si j'aurais pu mourir en percutant une voiture, je m'accepte tel que je suis »*.

Lorsque je suis arrivé chez moi une heure plus tard, j'ai oublié de parler de cet incident à mon épouse, ce qui montre bien que je n'étais plus sous le choc. Au lieu de ressasser encore et encore ce qui aurait pu se passer, j'ai repris le fil de mes pensées et « digéré » en quelque sorte cet accident qui aurait pu avoir des conséquences fâcheuses.

Chapitre 4

Au travail

Avez-vous déjà entendu parler de la prévention du stress et des risques psychosociaux ? Avec plus de 1 personne sur 5 qui se déclare stressée au travail, les entreprises sont obligées d'affronter un enjeu de santé prioritaire ainsi qu'un problème croissant de gestion des ressources humaines.

Nous avons déjà vu à la p. 40 que l'Agence européenne pour la sécurité et la santé au travail définit le stress comme provenant d'un déséquilibre perçu entre les ressources et les contraintes d'une personne dans une situation donnée.

Selon l'Anact*, la notion de risques psychosociaux est plus large. Elle évoque diverses situations de mal-être, de ressenti négatif par rapport au travail. Elle renvoie à des contextes d'entreprises et à des causes très variées : surcharge de travail, contraintes excessives de temps, mais aussi perte de repères, difficulté à trouver du sens au travail, conflit de valeurs... Elle rappelle surtout que la santé psychique n'est pas seulement une dynamique individuelle, mais qu'elle se construit aussi dans la relation aux autres : par la reconnaissance, par la possibilité d'échanges et de coopération dans le travail, avec le soutien des collègues et de la hiérarchie.

Le stress et les risques psychosociaux sont à l'origine de troubles sur le plan psychologique,

---

* Agence nationale pour l'amélioration des conditions de travail (www.anact.fr).

avec un impact plus ou moins grave sur le plan physique :

- fatigue, épuisement jusqu'au burn out ;
- troubles du sommeil ;
- maladies psychiques, dépression ;
- troubles du comportement ;
- différentes formes d'addiction ;
- suicides dans les cas les plus graves ;
- maladies cardiaques, troubles musculaires, etc.

Je reçois de nombreuses personnes en consultation qui, suite à une réorganisation de l'entreprise, une compression d'effectif, un changement de hiérarchie, se retrouvent prises au dépourvu. Pour l'entreprise, ces troubles peuvent se traduire par du désengagement au travail, un absentéisme accru, des conflits entre les personnes.

Laurent, 48ans

« Ancien timide congénital, j'ai vraiment pu changer mon rapport au groupe grâce à l'EFT. Aujourd'hui, je suis capable de parler en public sans aucun problème, et même de faire de l'humour et de raconter des blagues. Je n'aurais jamais cru pouvoir le faire il y a encore quelques mois. »

MES COLLÈGUES, CES ENNEMIS

Critiques répétées, mauvaises blagues, fausses accusations, surnoms sarcastiques font partie du lot de nombreux salariés qui n'osent pas se plaindre de peur que cela empire, ou qui l'ont déjà fait en vain. Voici un exemple de mise en application de l'EFT sur vos problèmes du quotidien au travail.

Suite à la sortie du film *Le Prénom*, Jean-Pierre, 51 ans, vient consulter car il se sent de plus en plus mal au travail. Lors de l'entretien initial, l'objectif de mon questionnement est de faire émerger l'origine de ce malaise. « Je les voyais rire dans mon dos, ça a duré plusieurs semaines, et puis un jour j'ai compris. Ils me surnommaient "Adolf", en raison de mon côté autoritaire, voire dictatorial selon certains, depuis que plusieurs membres de l'équipe avaient vu ce film dans lequel Patrick Bruel fait une mauvaise blague à ses amis. » Nous déterminons alors précisément la cible sur laquelle travailler.

- Image la pire : « mes trois collègues en train de me regarder par en dessous avec un sourire moqueur ».

- Sensation et localisation dans le corps : « une grosse boule dans la gorge ».
- Émotion : « l'injustice ».
- Intensité émotionnelle : « 9/10 ».
- Pensée négative : « Ce n'est pas juste, je suis toujours rejeté. »

La phrase de préparation est : *« Même si mes trois collègues me regardent par en dessous avec un sourire moqueur, qu'ils me surnomment "Adolf" et que c'est vraiment injuste, je m'accepte tel que je suis. »*

Puis nous enchaînons la séquence de stimulations, avec une phrase de rappel qui change à chaque point :

- Sommet de la tête : *« Mes trois collègues me regardent par en dessous. »*
- Début du sourcil : *« Ils m'appellent "Adolf". »*
- Coin de l'œil : *« Cette boule dans ma gorge. »*
- Sous l'œil : *« C'est injuste. »*
- Sous le nez : *« Je suis toujours rejeté. »*
- Milieu du menton : *« Ils se moquent de moi. »*
- Sous la clavicule : *« C'est injuste. »*
- Sous le bras : *« Leur regard moqueur. »*

L'intensité de l'émotion commence à baisser peu à peu jusqu'à 2/10. Puis elle ne bouge plus. C'est alors que Jean-Pierre se remémore un souvenir d'injustice à l'école, où l'instituteur le punit à la place de l'un de ses camarades qui, en plus, se moque de lui. Nous redéfinissons alors la cible le plus précisément possible et nous traitons l'ensemble des aspects de cet événement passé : l'injustice liée à la punition, l'autorité du maître, la moquerie de son camarade, etc. Lorsque cette cible du passé est ramenée à 0 d'intensité, je demande à Jean-Pierre de prendre à nouveau son image mentale de ses collègues qui le regardent par en dessous : *« Ce sont vraiment des crétins,* dit-il, *je ne devrais pas leur donner tant d'importance. »* Cette nouvelle pensée valide ainsi le fait que son regard sur cet événement a changé.

Vous aussi, si vous avez tendance à sur-réagir par rapport à une situation donnée, commencez par travailler sur ce qui vous gêne le plus dans cette situation, puis recherchez les événements passés qui font écho à cet événement-ci et traitez-les de la même manière.

LE STRESS DE LA PRISE DE PAROLE EN PUBLIC

La peur de parler en public, que ce soit devant des gens connus ou inconnus, est une anxiété sociale particulièrement courante. Si vous êtes du genre à rougir dès que vous devez vous présenter à plus d'une personne, l'EFT vous sera sans aucun doute particulièrement utile.

Voici comment arriver à juguler progressivement votre angoisse de prendre la parole devant tous vos collègues si vous devez présenter vos résultats à l'ensemble de votre entreprise :

① **Identifiez** une des dernières fois où vous vous êtes senti très mal lors d'une prise de parole en public.

② Lorsque vous avez trouvé, recherchez **le moment le pire** de cette situation. Avez-vous une image en tête ? Entendez-vous encore les remarques de vos collègues ? Que se passe-t-il pour vous ?

③ Lorsque vous reprenez ces éléments (image, phrases prononcées), **que ressentez-vous physiquement** ?

④ **Quelle émotion ressentez-vous** ici et maintenant en y pensant ? De la peur ? De la honte ? Autre chose ?
⑤ À combien estimez-vous l'**intensité de votre émotion**, de 0 à 10 ?
⑥ **Qu'est-ce que vous vous dites de vous** dans cette situation ?

Notez ces différentes réponses sur une feuille de papier. Puis laissez partir l'image de cette dernière fois et demandez-vous quand est-ce que vous avez ressenti cette émotion et ces sensations corporelles pour la première fois, ou l'une des toutes premières fois... Si vous en trouvez une, notez les différents éléments de ce souvenir (image/sons, sensations physiques, émotion, intensité et pensées négatives).

Généralement, **l'intensité émotionnelle de la cible la plus ancienne est la plus forte.**

Commencez alors à **traiter la cible la plus ancienne** avec la méthode que vous connaissez maintenant (voir p. 43), jusqu'à ce que vous ne ressentiez plus rien. Notez comment votre pensée (votre cognition) a changé à présent.

Puis reprenez la situation initiale (la même image) et **réévaluez cette cible** de nouveau. Normalement, l'intensité émotionnelle devrait déjà être à 0.

➔ **MON CONSEIL EN + :** Si l'intensité émotionnelle liée à la situation initiale n'est pas encore à 0, appliquez l'EFT sur le restant émotionnel. Si plusieurs souvenirs du passé remontent, traitez-les tous, les uns après les autres, en prenant votre temps.

LE PIÈGE DE LA PAUSE CIGARETTE

Si vous avez décidé d'arrêter de fumer, que vous êtes en période de sevrage et que vous ressentez une forte envie de rejoindre vos collègues fumeurs lors de la pause cigarette, l'EFT peut vous aider. (Notez aussi que vous pourriez utiliser l'EFT pour arrêter de fumer mais, dans ce cas, la procédure sera plus longue car il faudra travailler sur les causes de l'addiction au tabac, les peurs futures – peur de grossir, d'échouer, de manquer, etc.)

Voici comment vous servir utilement de l'EFT par rapport à la **gestion de la compulsion**, c'est-à-dire l'envie irrépressible de prendre une cigarette pour faire comme les copains ou les collègues.

À vous de pratiquer !
Répétez la phrase suivante en stimulant votre point karaté : « Même si j'ai envie de fumer une cigarette maintenant, je m'accepte tel que je suis. »
Puis stimulez une dizaine de fois chacun des points de la ronde, en ajoutant ceux des doigts, en répétant de temps en temps : « J'ai envie de fumer une cigarette. »
Observez à quel point votre envie diminue rapidement.

LE PETIT + MALIN

Regardez ma démonstration en vidéo pour bien visualiser comment faire une ronde d'EFT afin de limiter votre envie de prendre une cigarette. C'est plus sympa de le faire ensemble ! Il vous suffit de scanner ce code ou de taper l'adresse suivante dans la barre d'adresse de votre navigateur Internet : http://quotidienmalin.com/EFT-malin

Vous y trouverez aussi un enregistrement audio gratuit au format mp3, afin d'écouter la séance où et quand vous le souhaitez.

Chapitre 5

Le soir à la maison

Il est souvent nécessaire de se couper d'une grosse journée de travail avant de rentrer à la maison et de ne pas rapporter les problèmes professionnels du jour chez soi. Ce n'est ni le lieu ni le moment de faire faire des heures supplémentaires non payées à votre famille, et à vous-même.

UN SAS AVANT DE RENTRER CHEZ VOUS

Avant de quitter votre travail, à votre bureau si cela est possible ou bien dans les toilettes, pensez à faire 1 ronde ou 2 sur le thème *« même si la journée a été dure, que j'en ai ras le bol de tous ces problèmes, je m'accepte tel que je suis. Et c'est bien normal que j'en aie marre. La réalité, c'est que la journée est finie et que j'ai le droit de lâcher ces soucis jusqu'à demain »*.

Dans cette longue phrase de préparation, vous notez 2 choses :

① **Nous accueillons notre émotion :** « Et c'est bien normal que j'en aie marre. »

② **Nous ajoutons 2 observations :** « La réalité, c'est que la journée est finie » et « j'ai le droit de lâcher ces soucis jusqu'à demain ». Il s'agit là de deux vérités absolues : il est 18 h 00, donc la journée est bel et bien terminée, et j'ai effectivement le droit de lâcher légalement mes soucis jusqu'au lendemain. Il ne s'agit pas de prononcer des phrases positives, mais de **choisir des phrases réelles et concrètes.**

À vous de pratiquer !

Prononcez à voix haute votre longue ***phrase de préparation*** *en stimulant votre point karaté : « Même si la journée a été dure, que j'en ai ras le bol de tous ces problèmes, je m'accepte tel que je suis. Et c'est bien normal que j'en aie marre. La réalité, c'est que la journée est finie et que j'ai le droit de lâcher ces soucis jusqu'à demain. »*

Puis faites une première ronde en restant uniquement sur ***le négatif*** *et* ***l'accueil de votre émotion*** *: « La journée a été dure », « J'en ai ras le bol de tous ces problèmes », « Je n'ai vraiment pas été épargné aujourd'hui », « C'est bien normal que j'en aie marre », « Mes collègues sont trop exigeants », etc.*

Lorsque vous sentez que votre émotion se calme, vous pouvez passer aux ***phrases concrètes*** *: « La réalité, c'est que la journée est finie », « J'ai le droit de lâcher ces soucis jusqu'à demain », « J'ai le droit de relâcher la pression », « La journée est finie »...*

De cette manière, vous vous créez un véritable sas qui vous évitera de rapporter votre stress professionnel à la maison.

POUR ÉVITER DE CRAQUER À L'APÉRO

Si habituellement vous ressentez le besoin irrépressible de boire un ou deux verres de vin ou d'alcool en rentrant du travail, c'est que vous avez probablement enregistré dans votre cerveau un lien de récompense entre l'alcool et le fait d'avoir achevé votre journée de travail. Outre le fait de jouer le rôle d'anxiolytique, la consommation d'alcool agit directement sur le système de récompense (appelé aussi « de renforcement »). Ce système est indispensable à la survie, car il fournit la motivation nécessaire à la réalisation d'actions ou de comportements adaptés, permettant de préserver l'individu et l'espèce. Il se compose de trois dimensions :

- **affective** (le plaisir provoqué par les récompenses, tel que l'alcool dans le cas ci-dessus – ou le déplaisir provoqué par les punitions ou le manque) ;
- **motivationnelle** (envie d'obtenir la récompense ou d'éviter la punition) ;
- **cognitive** (les apprentissages qui découlent du conditionnement).

Cela se traduit par le renforcement de certaines actions (celles qui procurent du plaisir) et l'évitement d'autres (assimilées à la punition). L'alcool, comme d'autres psychotropes, agit directement sur ce système quand il est absorbé.

REPÈRES CONCERNANT LA CONSOMMATION D'ALCOOL

L'OMS (Organisation mondiale de la santé) considère qu'avec une consommation de 3 verres par jour pour les hommes et 2 verres pour les femmes, avec 1 jour d'abstinence par semaine, il y a déjà un facteur de risque. Car le circuit de la récompense est bien entraîné et en situation de stress, d'échec ou de problème affectif, il y a plus de risque à augmenter la consommation pour « adoucir » la situation problématique.

Si vous souhaitez diminuer votre consommation d'alcool, ou pouvoir faire des breaks quand vous le désirez, utilisez l'EFT en faisant des rondes avec des phrases du genre :

- « Même si je n'arrive pas à me passer de mon apéritif, je m'accepte tel que je suis. »
- « Même si ça m'inquiète de ne pas être capable de me passer de mon apéritif, je m'accepte tel que je suis. »
- « Même si j'ai besoin de ma récompense quand je rentre le soir à la maison, je m'accepte totalement et complètement. »

Choisissez l'une de ces phrases, construisez celle qui vous convient le mieux, et pratiquez sans modération !

Florence, 42 ans

« En tant que Champenoise de souche, j'ai toujours été "baignée" dans les bulles. Progressivement, le champagne a pris une place importante dans ma vie, au point d'en boire 1 ou 2 coupes tous les soirs. L'EFT m'a permis de casser le côté systématique de ma consommation et d'apprécier encore plus les moments où je décide d'en boire. »

SE STIMULER AU TÉLÉPHONE

Imaginez la situation suivante : vous rentrez tranquillement en début de soirée chez vous (après avoir fait votre sas de décompression avec l'EFT, voir p. 136) et vous n'avez même pas le réflexe de prendre un apéritif. C'est bien ! Il est 19 h 30, quand soudain une de vos amies téléphone à la maison pour vous raconter une mésaventure particulièrement cuisante. Comme vous êtes très proches, son angoisse et son récit vous touchent au plus profond de vous-même et vous restez pétrifié à l'écouter vous raconter toute l'histoire.

Il est particulièrement intéressant d'utiliser l'EFT dans ce genre de cas : il vous suffit simplement de stimuler vos points EFT tout en écoutant votre amie et en lui répondant. Étant donné que son aventure malheureuse vous touche, vous vous activez émotionnellement comme si vous étiez exposé aux mêmes désagréments et un ensemble de réactions d'adaptation à différents niveaux (nerveux, hormonal, neurotransmetteurs) se produit dans votre corps.

La stimulation des points d'EFT vous permettra alors de limiter les dégâts, et surtout de pouvoir rester calme pour aider au mieux votre amie. Vous serez ainsi dans l'empathie et pourrez comprendre sa souffrance, sans avoir à la vivre avec elle.

Chapitre 6

Avec vos enfants

La pratique de l'EFT avec les enfants nécessiterait un livre à part entière tant les applications sont vastes. La rapidité de leur réponse à cette technique m'étonne toujours. Comme ils ont moins de filtres et portent moins de jugements que les adultes, on dirait qu'ils entrent plus rapidement dans le traitement et qu'ils en sortent aussi dès que l'effet attendu se manifeste. Préparez-vous, vous aussi, à être parfois dérouté par les résultats.

L'EFT AVEC LES ENFANTS : CONSEILS DE BASE

Avec les enfants, soyez simple, créatif, humoristique, factuel et rapide. Pour réaliser une séance avec votre enfant, demandez-lui ce qui se passe pour lui en ce moment et démarrez directement en formulant une phrase du genre : *« Même si j'ai (ce problème), je suis une super petite fille et mes parents m'aiment. »*

Vous trouverez des exemples précis propres à diverses situations dans les paragraphes qui suivent.

POUR DES RÉVISIONS TOUT EN DOUCEUR

Si votre enfant peine à faire ses devoirs, qu'il n'a pas envie de s'y mettre ou qu'il a peur d'avoir une mauvaise note, demandez-lui s'il est d'accord pour faire **un petit jeu** avec vous afin de l'aider.

À vous de pratiquer !

Demandez-lui tout d'abord ce qui le dérange. Par exemple : « Je ne comprends rien à cette leçon et demain, je ne vais pas savoir répondre à mon évaluation. »

Placez-vous en face de lui (ou d'elle) et montrez-lui comment faire, tout en lui demandant de faire la même chose et de répéter les mêmes phrases que vous à voix haute :

- *Stimulez votre point karaté tout en disant : « Même si je ne comprends rien à cette leçon et que demain, je ne vais pas savoir répondre à mon évaluation, je suis un super petit garçon et mes parents sont fiers de moi. »*
- *Puis commencez les stimulations sur le sommet de la tête en disant : « Je ne comprends rien à cette leçon. » (Vérifiez bien qu'il stimule les points correctement tout au long de la ronde.) Continuez de la sorte sur les autres points : « Je vais rater mon évaluation », « Je ne comprends vraiment rien », « Je vais avoir une mauvaise note », etc.*

N'hésitez pas à exagérer avec les enfants, souvent ils adorent ça et ça les fait rire : *« Je vais avoir la plus mauvaise note de toute la galaxie »*, *« Mon prof va me crier dessus tellement fort que mes oreilles vont exploser »*... S'il fait la moue ou n'a pas l'air d'accord, interrogez-le pour savoir ce qu'il pense : *« Je vois que tu n'es pas d'accord, comment tu dirais, toi ? »* Utilisez au maximum **ses propres mots à lui**.

Souvent, 5 minutes sont suffisantes pour le remettre en route. Au-delà de 6 ans, apprenez-lui à pratiquer seul. Montrez-lui également les points REMAP (voir p. 115) pour qu'il puisse gérer son stress discrètement à l'école.

STIMULEZ-LES VOUS-MÊME !

Il arrive que les enfants n'aient pas envie de faire les stimulations sur eux, mais qu'ils ne soient pas opposés à ce que Maman ou Papa les fasse à leur place.

À vous de pratiquer !

Dans ce cas de figure, prenez la main de votre enfant et commencez à stimuler son

point karaté tout en prononçant la phrase (magique, bien sûr...) de préparation et en lui demandant de la répéter ensuite.
Puis enchaînez les stimulations en commençant sur le sommet de la tête tout en douceur (attention sur les tout-petits, comme nous le verrons ci-après). Si vous observez que les stimulations par tapotements le gênent, ralentissez la vitesse de tapping ainsi que la force d'impact. (Vous pouvez tout simplement tenir votre doigt appuyé sur le point une dizaine de secondes, puis passer au point suivant.)

Voici par exemple un rituel plein de douceur qui vous permettra de **préparer votre enfant à s'endormir sereinement** :

Lorsqu'il est allongé dans son lit, prêt à dormir, demandez-lui de vous raconter sa journée passée et de vous parler de ce qu'il va faire à l'école le lendemain.

Pendant qu'il parle, massez tous les points de la ronde de base (p. 43) et ceux de la main (p. 71) tour à tour. S'il vous confie un élément qui l'active émotionnellement, faites une ronde spécifique sur cette cible, puis reprenez là où vous vous étiez arrêté.

GÉREZ VOTRE PETIT DERNIER

Si votre petit dernier ne fait toujours pas ses nuits et que vous l'entendez pleurer dans sa chambre, essayez de **pratiquer par procuration**, c'est-à-dire sur vous-même dans votre chambre, mais pour lui. Cette façon de pratiquer peut paraître étrange, mais essayez quand même avant de juger.

À vous de pratiquer !
Vous êtes dans votre chambre et Hugo, votre petit de 3 mois, pleure dans son lit pour la troisième fois cette nuit. Avant de vous déplacer une nouvelle fois, testez ceci : ***imaginez que vous êtes à sa place****.*
Stimulez votre point karaté et dites (en son nom) : « Même si j'ai un gros chagrin et que je me sens tout seul dans mon lit, je suis un merveilleux bébé et mes parents m'aiment. »
Ensuite, commencez la ronde sur vous en commençant par les stimulations sur le

sommet de votre tête : « J'ai un gros chagrin », « Je n'ai pas envie de rester tout seul dans mon lit », « J'aimerais être contre ma maman », etc.
Mettez-vous vraiment à sa place, imaginez ce qu'il ressent et dites-le dans votre tête tout en stimulant vos points.

➔ **MON CONSEIL EN + :** Ne stimulez **jamais** le point sur le sommet de la tête d'un bébé. Ne tapotez jamais les points d'un bébé, mais **massez-les** en douceur. **N'insistez jamais** si vous le dérangez.

Brigitte, 38ans

« Je me suis mise à l'EFT en désespoir de cause, ne sachant plus quoi faire face aux cris de mon bébé. Je n'y croyais pas, et pourtant cela fonctionne : même en pratiquant sur moi, il se calme. »

LE PETIT + MALIN

Je vous propose de voir un reportage tourné en Haïti en mars 2011 au cours duquel j'ai eu le plaisir de travailler avec des enfants de deux orphelinats. Pour faciliter le lien avec eux, j'ai utilisé un ours en peluche qui joue le rôle d'objet transitionnel. Vous pouvez faire de même avec votre enfant en utilisant son doudou, s'il est d'accord bien sûr. Au départ, il suffit de transférer le problème de l'enfant sur l'ours et de faire des séances pour « soigner » le nounours. Ensuite, on fait la même chose avec l'enfant.

Pour visionner cette vidéo, scannez ce code ou tapez l'adresse suivante dans la barre d'adresse de votre navigateur Internet :
http://quotidienmalin.com/EFT-malin

Chapitre 7
Au coucher

Si nécessaire, notamment si vous avez du mal à vous endormir ou si vous êtes un adepte des ruminations anxieuses, vous pouvez vous servir de l'EFT afin d'améliorer votre sommeil. Lorsque vous dormez, l'activité du système nerveux parasympathique est à son maximum : c'est le moment où nous récupérons notre énergie et où la réparation cellulaire est à son maximum. Or, la stimulation des points EFT favorise l'activation du système parasympathique, donc de ce fait vous prépare à dormir. Même sans prononcer aucune parole, la ronde EFT vous sera bénéfique.

ROUTINE ÉNERGÉTIQUE ET RESPIRATION PROFONDE

La routine énergétique que nous avons vue dans le chapitre 2 (voir p. 87) permet d'harmoniser le système énergétique. Vous pouvez également la pratiquer **lors de votre douche, en fin de journée**.

➔ **MON CONSEIL EN + :** Si vous prenez une douche ou un bain avant de dormir, pensez à ne pas utiliser d'eau trop chaude. Pour bien dormir, le corps a besoin d'une température légèrement inférieure à 37 °C.

Vous pouvez également penser à **respirer profondément** à la fréquence de **6 respirations par minute**.

À vous de pratiquer !

Allongez-vous dans votre lit sur le dos. Inspirez par le nez en gonflant le ventre durant 4 secondes, puis soufflez doucement par la bouche durant 6 secondes.

Vous effectuerez ainsi une respiration complète (inspiration + expiration) en 10 secondes, soit 6 respirations en 60 secondes.

Cette respiration permet également d'activer le système parasympathique.

AU LIT ET EN SILENCE

Je trouve qu'il est fort désagréable de pratiquer l'EFT allongé sur le dos. Voici donc une méthode beaucoup plus adaptée.

À vous de pratiquer !

Face à votre miroir dans votre salle de bains, faites une séance d'EFT avec l'idée d'enregistrer visuellement vos mouvements comme si vous les filmiez dans votre esprit.

Puis, une fois allongé, identifiez l'objet de vos préoccupations et faites une séance d'EFT de la manière suivante : supposons que vous soyez anxieux à l'idée de mal dormir et de vous réveiller dans la nuit. Une fois allongé sur le dos, les bras le long du corps (ou bien dans la position la plus confortable pour vous), ***imaginez-vous en train de stimuler votre point karaté*** *et prononcez cette phrase* **dans votre tête** *: « Même si j'ai peur de mal dormir et d'être fatigué en me réveillant demain, je m'accepte tel que je suis. »*

*Ensuite, **imaginez que vous stimulez tour à tour vos points** en visualisant les images que vous avez enregistrées précédemment et en répétant **mentalement** des phrases courtes de rappel : « J'ai peur de me réveiller dans la nuit », « Je vais être fatigué demain », etc. Je suis souvent surpris de m'endormir avant la fin d'une ronde complète...*

GÉREZ VOS RÉVEILS NOCTURNES

Les réveils nocturnes sont souvent anxiogènes pour les personnes qui sont sujettes aux insomnies. Cette interruption du sommeil déclenche une série de pensées stressantes qui empêchent la personne de se rendormir. L'utilisation de l'EFT est tout à fait appropriée dans ces conditions : il vous suffit de faire les stimulations tout en continuant à penser à ce qui vous préoccupe. Vous pouvez utiliser la méthode précédente en pensée ou bien faire les stimulations en réel si, par exemple, vous vous êtes levé pour aller aux toilettes ou boire un verre d'eau.

Maya, 47ans

« L'EFT m'a permis d'arrêter de culpabiliser lorsque je me réveillais la nuit. À ce moment-là, je me disais toujours que j'allais être fatiguée le lendemain matin, que c'était ma faute si je n'arrivais pas à dormir. Mes pensées s'entrechoquaient alors et je n'arrivais plus à me rendormir. Aujourd'hui, peu importe si je me réveille, je pratique quelques instants et je me rendors. »

3

VOTRE PROGRAMME PERSONNEL AU JOUR LE JOUR

Chapitre 1

1re étape : faire la paix avec son passé

Cet exercice est connu des praticiens EFT sous le nom de « procédure de paix personnelle ». Il permet de se libérer petit à petit de tous les fardeaux et de toutes les blessures que nous avons accumulés et refoulés durant notre vie. Je suis toujours amusé du nombre de personnes qui commencent par dire en consultation qu'elles ont eu une enfance très heureuse, sans accrocs, et qui, quelques dizaines de minutes plus tard, fondent en larmes en se rappelant les humiliations en famille ou à l'école dont elles ont été victimes. C'est la preuve, s'il en était encore besoin, que nous stockons tous les souvenirs du passé profondément à l'intérieur de nous et que nous les portons sans cesse.

FAITES LA LISTE DE VOS SOUVENIRS DOULOUREUX

Commencez par prendre un carnet ou un cahier spécialement dédié à cet exercice.

➔ **Mon conseil en + :** Vous pouvez lui donner un titre humoristique, afin de dédramatiser la situation et de prendre du recul, comme si c'était un roman que vous vous préparez à écrire. Ou bien vous pouvez vous inspirer de la littérature française ou étrangère, au choix : *Les Misérables*, *L'Assommoir*, *L'Étranger*, *J'accuse*, etc.

Puis, comme dans un livre, je vous suggère de constituer des grandes parties :

- ma conception ;
- ma naissance ;
- les premiers mois ;
- mon enfance ;
- l'école primaire ;
- le collège ;
- le lycée ;

- mon chagrin d'amour ;
- etc.

Vous pouvez subdiviser chaque partie en chapitres, puis y consigner des faits précis.

Par exemple, dans le chapitre « Le divorce de mes parents », vous pourriez écrire :
- mon père m'annonce qu'il quitte la maison aujourd'hui ;
- mon grand frère pleure et le supplie de rester ;
- les insultes de ma mère ;
- etc.

Nommez les événements avec précision, comme s'il s'agissait d'un titre de film.

Vous pouvez également inscrire **la nature de l'émotion** que vous ressentez encore aujourd'hui en y pensant et **son intensité émotionnelle** chiffrée de 0 à 10 (0 étant l'absence totale d'émotion et 10 le maximum que vous puissiez imaginer).

➔ **MON CONSEIL EN + :** Même si vous ne ressentez rien, notez quand même le souvenir dans votre carnet. Le simple fait que vous y pensiez suggère que ce souvenir n'est pas traité, même si vous vous en êtes a priori détaché émotionnellement.

REPÉREZ LES SOUVENIRS À TRAVAILLER

Dans un premier temps, notez pêle-mêle tout ce qui vous vient à l'esprit, puis, lorsque vous n'avez plus d'idée, arrêtez-vous.

➔ **MON CONSEIL EN + :** Dès que vous commencerez le travail d'EFT, d'autres souvenirs reviendront très certainement. Pensez simplement à conserver votre carnet **toujours à portée de main** afin de pouvoir les ajouter à votre liste, et y revenir par la suite.

Repérez ensuite les événements qui sont **les plus anciens** (plus ils sont anciens, plus ils sont susceptibles d'être à l'origine de vos réactions émotionnelles) et/ou **les plus forts** (ceux dont l'intensité émotionnelle est proche de 10/10). C'est avec ces souvenirs (les plus anciens et/ou les plus forts) que vous allez commencer le travail.

TRAITEZ-LES PAR L'EFT

Appliquez alors l'EFT **sur chaque événement**, l'un après l'autre. Ne zappez pas d'un événement à un autre, même s'ils sont proches. Il est important de **déprogrammer complètement chaque événement**. Donc, pour y parvenir, pensez à traiter **tous les aspects de chaque événement**. Lorsque vous êtes capable de repenser à l'événement, c'est-à-dire à l'image la pire de ce souvenir, et que vous ne ressentez plus rien, que vous êtes neutre et qu'à l'intérieur de vous, vous vous dites : « C'est le passé, je n'ai plus à souffrir de cela », vous avez terminé le travail sur cette cible. Passez ensuite à un autre événement proche de 10/10 et continuez ainsi la déprogrammation émotionnelle de tous vos souvenirs désagréables.

OBSERVEZ LES CHANGEMENTS DANS LE PRÉSENT

Utilisez l'EFT **chaque jour, pendant environ 15 minutes**, et **déprogrammez de la sorte au moins 1 souvenir perturbateur chaque jour.** Si votre emploi du temps le permet, passez-y plus de temps. Et observez les changements dans votre vie. Observez si vous êtes plus calme, si vos relations avec les autres s'améliorent. Soyez attentif à l'avis de vos proches. Au besoin, posez-leur des questions pour savoir s'ils notent un changement dans votre attitude. Peut-être pouvez-vous constater également des modifications physiologiques, au niveau de votre tension, de votre sommeil et de votre qualité de vie en général.

➔ **Mon conseil en + :** Si vous avez un traitement médical, ne faites pas d'automédication si vous vous sentez mieux et ne décidez pas par vous-même de réduire votre traitement. Dans tous les cas, **parlez-en au médecin** qui vous a prescrit le traitement.

Chapitre 2

2e étape : modifier les pensées qui nous limitent

Les émotions que nous ressentons découlent de nos pensées et de nos sentiments. Les chercheurs en psychologie appellent « cognitions » l'ensemble des images, des phrases, des mots, des sons et de toutes les pensées que nous avons dans la tête par rapport aux situations que nous vivons. Il s'agit d'un flux ininterrompu d'informations de pensées et d'images qui a son propre sens et sa propre teinte émotionnelle en fonction du moment présent. Vous pouvez le stopper temporairement lorsque vous en prenez conscience, mais il reste actif en toile de fond, et vous vous en apercevez à peine. Lorsque vous reprenez le cours de votre vie, ce « discours » redevient inconscient.

Ainsi, la personne dépressive ou déprimée aura en permanence une façon illogique de penser, systématiquement négative. Les émotions qui en découleront l'entraîneront à agir d'une manière inappropriée en société. Et les résultats qui en découleront viendront inévitablement renforcer le bien-fondé de ses pensées.

Il est cependant possible de changer ces « cognitions », que l'on appelle aussi « croyances ». Ces croyances sont (pour les thérapeutes cognitivistes) des vues personnelles sur soi, sur les autres et sur le monde. Elles peuvent être rationnelles et nous permettre d'être bien dans notre vie ou, au contraire, irrationnelles et provoquer un mal-être profond et entraîner des échecs répétés.

La première chose à faire est de **les identifier**. Puis nous utiliserons l'EFT pour **les modifier**. Et lorsque ces pensées « automatiques » auront été ainsi transformées, vous serez alors plus à même d'être joyeux, efficace, capable d'aimer la personne que vous êtes et donc de vous accepter tel que vous êtes.

Avec l'EFT, ces changements peuvent être rapides : quelques semaines, voire quelques jours pour certains.

En résumé, on peut dire que **les émotions que je ressens découlent de la perception que j'ai de la réalité qui m'entoure.** Comme disent certains philosophes, « ce n'est pas le monde qui m'impacte, mais la représentation personnelle que j'en ai ». Et c'est une bonne nouvelle, car la plupart du temps, je n'ai pas d'emprise sur le monde ni sur le réel. En revanche, **j'ai le pouvoir de changer mes représentations** et mes filtres (mes cognitions) qui me permettent d'avoir une vision de ce monde. En changeant de lunettes, je change ma vision, donc ma réalité. Alors au boulot, maintenant !

REPÉREZ VOS PENSÉES INCONSCIENTES

La psychologie cognitive explore les relations entre le conscient et l'inconscient. Elle sépare d'un côté les processus de pensées automatiques et ceux qui sont contrôlés. **Les processus de pensées automatiques sont rapides et**

inconscients : vous ne pouvez pas, a priori, vous en rendre compte, car ils ne demandent pas d'effort ni d'attention particulière. Ils sont donc **plus difficiles à modifier**, d'autant qu'ils s'appuient sur des schémas mentaux profonds. Bien souvent, ces façons de penser dysfonctionnent et provoquent une perturbation profonde et permanente des mécanismes de pensée logique. On parle alors de distorsions cognitives.

Les processus contrôlés sont plus lents, conscients et demandent des efforts. Ils correspondent à une forme de pensée logique et sont de ce fait **plus faciles à transformer**.

Lors de la 1re étape de votre programme (voir p. 160), je vous ai demandé de faire la liste de tous les événements de votre vie chargés d'émotions négatives et de les classer en fonction de l'intensité que vous ressentez aujourd'hui en y pensant, sur une échelle de 0 à 10.

Lorsque vous vous concentrez sur les événements les plus forts, à quoi pensez-vous ? Quel est votre dialogue interne ? **Que vous dites-vous sur vous-même, sur le monde et les autres, et sur l'avenir ?**

Lorsque vous vous activez émotionnellement, vous vous connectez à vos pensées automatiques qui, en réalité, passent de l'inconscient (mémoire à long terme) au conscient (mémoire à court terme). Prenons un exemple, pour mieux comprendre.

Supposons que dans votre carnet (voir chapitre précédent), vous ayez inscrit *« le bide du jour de mon arrivée dans la boîte »*, en référence à un moment de grande solitude le jour où votre nouveau patron a réuni l'ensemble des collaborateurs pour vous présenter : plutôt que dire simplement quelques mots sur vous, il vous a demandé de le faire, sans vous avoir prévenu au préalable. Surpris, vous avez bafouillé plusieurs lieux communs et inepties en rougissant et en transpirant. Vous avez remarqué toute une gamme d'expressions faciales dans l'assistance, allant de l'étonnement à l'amusement en passant par la suspicion, voire le rejet. Rien que d'y repenser, votre émotion est encore à 7/10. Vous ressentez de la honte et de la dévalorisation vis-à-vis de vous-même, et de la colère vis-à-vis du traquenard que vous a tendu votre patron ainsi que vis-à-vis des personnes qui vous ont jugé. Vous vous dites que plus jamais vous ne reprendrez la parole devant un groupe.

Dans cet exemple, on observe que cette situation inconfortable active certainement des croyances irrationnelles qui déclenchent une perturbation émotionnelle (honte, colère, etc.) ainsi que des conséquences comportementales (ne jamais plus reprendre la parole en public) et physiques (tensions dans certaines parties du corps, accélération cardiaque, etc.). Les pensées automatiques et les distorsions cognitives à l'œuvre sont :

- « je suis incapable de parler de moi ; je suis un loser ; je suis nul » (pensées automatiques négatives) ;
- « je n'ai aucun avenir dans cette société ; tout le monde me déteste » (distorsions cognitives) ;
- « quelle que soit la situation, je dois toujours être capable de parler de moi au pied levé » (règle générale de fonctionnement).

MODIFIEZ VOS PENSÉES NÉGATIVES

En prenant conscience de vos croyances irrationnelles et de vos modes de fonctionnement inconscients, vous allez pouvoir agir sur eux et les transformer. Vous allez pouvoir moduler votre registre émotionnel à votre guise et réintroduire des façons plus logiques et normales de fonctionner.

À vous de pratiquer !

① *Définissez l'image la pire : « Je suis tout rouge en train de bafouiller devant le personnel de la société le jour de mon arrivée. »*

② *Sensation/localisation : « Mon cœur s'accélère, j'ai chaud. »*

③ *Émotion : « honte, colère ».*

④ *Intensité de l'émotion : « honte à 8/10 et colère à 6/10 ».*

⑤ *Pensées négatives : « Je suis incapable de parler de moi ; je suis un loser ; je suis nul ; je n'ai aucun avenir dans cette société ; tout le monde me déteste. »*

Construisez votre phrase de préparation :
« Même si je me revois encore tout rouge en train de bafouiller devant le personnel de la société le jour de mon arrivée et que je me sens nul, je m'accepte tel que je suis. Et c'est logique de ressentir cette honte (accueil de l'émotion au lieu d'essayer de la refouler).

La réalité, c'est que c'est difficile de parler de soi. D'autant plus quand on n'est pas préparé (réalité par rapport à la norme : la plupart des gens ont du mal à faire cet exercice sans préparation). Je m'ouvre à la possibilité de m'améliorer (ouverture vers autre chose que l'échec programmé). »

Vous allez ensuite travailler en 2 temps :

1ER TEMPS : *prononcez votre phrase de préparation à voix haute en stimulant votre point karaté et enchaînez avec une ronde EFT sur les aspects négatifs et le fait d'accueillir votre émotion.*

- *Sommet de la tête : « Je me revois encore tout rouge. »*
- *Début du sourcil : « J'ai bafouillé devant tout le monde. »*
- *Coin de l'œil : « C'est vraiment la honte. »*
- *Sous l'œil : « Je suis nul. »*
- *Sous le nez : « Je ne suis même pas foutu de me présenter. »*
- *Milieu du menton : « Je suis un loser. »*
- *Sous la clavicule : « J'étais rouge comme une pivoine. »*
- *Sous le bras : « C'est logique d'être honteux. »*

Vous pouvez continuer avec les points de la main et, si besoin, refaire 1 ou 2 rondes jusqu'au moment où vous ressentez un apaisement.

2E TEMPS : *vous allez passer en mode « recadrage », c'est-à-dire que vous allez commencer à introduire de nouvelles pensées qui sont plus en rapport avec votre apaisement émotionnel. Lorsque l'intensité de l'émotion initiale diminue, cela signifie que vous êtes en train de prendre de la distance par rapport à ce qui s'est passé, votre regard sur la situation change et vos pensées aussi. Le fait de recadrer accélère donc cette nouvelle prise de conscience.*

- *Sommet de la tête : « La réalité, c'est que ce n'est pas facile de parler de soi. »*
- *Début du sourcil : « C'est toujours délicat de se présenter. »*
- *Coin de l'œil : « Mon boss ne m'a pas aidé. »*
- *Sous l'œil : « La vérité, c'est que ce n'est pas simple de parler de soi. »*
- *Sous le nez : « Je me suis planté. »*
- *Milieu du menton : « Je m'ouvre à la possibilité de progresser. »*

› *Sous la clavicule : « J'ai le droit de m'améliorer. »*

› *Sous le bras : « J'ai appris de cette expérience. »*

*Dans cette deuxième phase, il s'agit de **vous orienter vers le changement**. Ne soyez donc pas trop positif, parce que cela a souvent du mal à passer : « je suis le meilleur » ne sera pas – tout de suite – accepté par votre inconscient...*

IDENTIFIEZ LES ÉVÉNEMENTS QUI SOUS-TENDENT VOS CROYANCES

Profitez de ce travail pour rechercher dans votre liste d'événements de vie tous ceux qui sont en relation avec ces croyances négatives, ces distorsions et ces règles de vie qui se posent comme des postulats.

Avez-vous déjà vécu des expériences au cours desquelles vous vous êtes dit « je suis incapable de parler de moi, de me mettre en valeur », ou encore « je suis un perdant », ou bien « je suis nul, je ne suis pas à la hauteur » ? Vous êtes-vous déjà dit dans votre vie « je n'ai aucun avenir dans ce monde, tout le monde me déteste » ? Ou avez-vous appris que « quelle que soit la situation, je dois toujours être capable de faire bonne impression et de parler de moi au pied levé » ?

Recherchez tous les événements reliés à ces manières de voir les choses et traitez-les de la manière présentée ci-dessus. Ce travail peut être long, mais au fil des jours qui passent, vous constaterez à quel point il est essentiel et efficace. En travaillant de la sorte, vous allez transformer vos schémas inconscients et vous commencerez probablement à voir la vie avec les couleurs du bonheur.

Chapitre 3

3e étape : en finir avec les anticipations anxieuses

La France détient le double record de la consommation d'alcool et de tranquillisants, deux produits qui permettent de diminuer l'anxiété. Notre pays serait-il plus anxiogène que ses voisins ? Nos conditions de vie ne semblent pourtant pas rebuter particulièrement les étrangers puisque la France reste la destination touristique n° 1 au niveau mondial.

L'anxiété n'a pas que des inconvénients, bien au contraire. À petites doses, elle nous pousse à mobiliser nos ressources pour effectuer les tâches que nous avons à faire, et augmente même nos performances. Pour paraphraser Sarah Bernhardt (qui fit cette réplique à une jeune actrice lui assurant qu'elle ne connaissait pas le trac : « Ne t'inquiète pas ma petite, ça viendra avec le talent »), il serait plus exact de dire que **c'est le talent qui vient avec le trac**. En effet, selon les travaux de Yerkes et Dobson (en 1908), l'activation émotionnelle augmente les performances... jusqu'à un certain point où les résultats commencent à décliner pour ensuite s'effondrer. **Un peu de trac optimise le talent, trop d'angoisse le paralyse.**

L'utilisation de l'EFT ne visera donc pas à supprimer toute forme de peur, mais seulement à éliminer le surcroît qui ne sert qu'à diminuer votre qualité de vie.

PROJETEZ-VOUS DANS LE FUTUR POUR TESTER VOS RÉACTIONS

Une fois ce travail effectué par rapport à votre passé et votre présent (étapes 1 et 2), il est temps de **vous tourner vers l'avenir** pour vérifier si le travail réalisé lors des deux étapes précédentes porte ses fruits.

Pour poursuivre avec notre exemple, imaginez-vous maintenant en train de reprendre la parole devant l'entreprise réunie au grand complet. Pour amplifier encore l'importance de la situation, ajoutez les clients les plus notables et des personnalités extérieures qui vous impressionnent. Votre patron devait prononcer un discours, mais un imprévu l'empêche d'être présent et au téléphone il vous demande expressément de le remplacer dans cet exercice. Vous ne pouvez vous y soustraire.

En imaginant cette scène :

- **Que voyez-vous ?** Quelle image mentale formez-vous dans votre esprit ? Pourriez-vous la dessiner ? Représentez-vous cette scène avec le plus de précision possible.
- **Que ressentez-vous,** aussi bien au niveau physique (dans votre corps) qu'émotionnel ?

- Si vous ressentez une émotion, **évaluez-la** de 0 à 10.
- Enfin, **observez vos pensées** sur vous, sur la situation et sur ce qu'il pourrait se passer dans l'avenir.

Si vous êtes neutre, voire légèrement excité à l'idée de le faire, c'est très bien. Votre travail porte déjà ses fruits.

Si, en revanche, vous ressentez de l'angoisse, utilisez l'EFT comme vous l'avez appris jusqu'ici.

À vous de pratiquer !

› *Image : « Je me vois en train de parler, mais mon discours n'est pas fluide. Les gens plissent le front et me dévisagent. »*

› *Sensation/localisation : « J'ai la bouche sèche. »*

› *Émotion : « Je suis angoissé, j'ai le trac. »*

› *Évaluation : « 6/10 ».*

› *Pensées négatives : « Ils se disent que je ne suis pas un bon orateur, que je ne suis pas à la hauteur. »*

Vous disposez ainsi de tous les éléments pour pratiquer une séance efficace dans l'instant. Et vous allez à nouveau travailler en 2 temps :

1ER TEMPS : *prononcez votre phrase de préparation à voix haute en stimulant votre point karaté et enchaînez avec une ronde EFT sur les aspects négatifs et le fait d'accueillir votre émotion négative, en l'occurrence le trac dans cet exemple.*

« Même si je n'arrive pas à parler de manière fluide devant toutes ces personnes, je m'accepte tel que je suis. Et c'est logique de ressentir ce trac. La réalité, c'est que je suis en train de sauver la situation. Je m'ouvre à la possibilité d'accepter mon angoisse. »

- *Sommet de la tête : « Je n'arrive pas à parler de manière fluide. »*
- *Début du sourcil : « Je bafouille devant tout le monde. »*
- *Coin de l'œil : « J'ai le trac. »*
- *Sous l'œil : « Je ne suis pas à la hauteur. »*
- *Sous le nez : « Je n'arrive pas à parler de manière fluide. »*
- *Milieu du menton : « Je bafouille. »*
- *Sous la clavicule : « Je transpire. »*
- *Sous le bras : « C'est normal de ressentir ce trac. »*

Vous pouvez continuer avec les points de la main et, si besoin, refaire 1 ou 2 rondes, jusqu'au moment où vous ressentez un apaisement.

2ᴱ TEMPS : *vous allez passer maintenant en mode « recadrage », en introduisant de nouvelles pensées plus en rapport avec la réalité de la situation.*

- *Sommet de la tête : « La réalité, c'est que je suis en train de sauver la situation. »*
- *Début du sourcil : « C'est à moi seul qu'il a demandé de le remplacer. »*
- *Coin de l'œil : « Ce n'est pas simple, ce qu'il m'a demandé. »*
- *Sous l'œil : « Personne n'aurait aimé prendre ma place. »*
- *Sous le nez : « J'ai du mal, mais je suis en train de le faire. »*
- *Milieu du menton : « Je suis en train de sauver la situation. »*
- *Sous la clavicule : « J'ai le droit me sentir angoissé. »*
- *Sous le bras : « Je suis angoissé, mais j'assure. »*

Maintenant, ***reprenez l'image du début et évaluez-vous à nouveau****. Tant qu'il reste de l'émotion, ajustez votre phrase de préparation et continuez le travail.*

TRAITEZ LES PEURS QUI N'EXISTENT PAS

« J'ai eu beaucoup de problèmes dans ma vie, dont la plupart ne sont jamais arrivés », disait avec humour Mark Twain. À l'instar de cet auteur américain, de nombreuses personnes entretiennent des pensées négatives sur ce qu'il pourrait leur arriver ainsi qu'à leurs proches en envisageant à chaque instant le pire du pire. L'entretien de ces ruminations perturbe le quotidien de ces anxieux ainsi que leurs relations sociales. Si vous êtes dans ce cas, utilisez la méthode suivante.

L'événement que vous redoutez fait-il écho à une expérience que vous avez vécue ? Si oui, **travaillez d'abord sur cette expérience passée**. Définissez-la avec précision :

- Avez-vous une image toujours présente dans votre esprit ? ou bien est-ce une pensée, une phrase, une sensation ?
- Quelle émotion ressentez-vous dans le présent ?
- Évaluez l'intensité de cette émotion (de 0 à 10).
- Que vous dites-vous quand vous repensez à cette expérience ?

Utilisez toutes vos réponses et pratiquez l'EFT ainsi que vous l'avez appris dans cet ouvrage afin de réduire l'intensité négative de ce souvenir à 0.

Puis, reprenez votre peur par anticipation, pensez-y à nouveau et traitez ce qu'il reste d'émotion en utilisant des phrases de recadrage.

Par exemple : *« Même si j'ai peur de m'embêter à ce mariage et de ne pas me sentir à ma place, je m'accepte totalement et complètement. La réalité, c'est que je n'en sais rien, et que je vais peut-être faire des rencontres intéressantes. »*

Travaillez **en 2 temps** : d'abord **le négatif**, puis, lorsque l'intensité émotionnelle sera proche de 0, utilisez **les phrases de recadrage** qui commencent par « la réalité, c'est que… ». Si, en formulant ces phrases, l'intensité remonte ou si cela génère une résistance, reprenez avec le négatif jusqu'à revenir à 0.

EN GUISE DE CONCLUSION : PETIT RETOUR EN ARRIÈRE

BIEN AVANT L'EFT, DANS LA CHINE ANCIENNE...

Les Chinois ont découvert il y a 5 000 ans que l'être vivant est une organisation alimentée par une énergie, le Qi. Cette énergie vitale circule le long des méridiens, sortes de canaux d'irrigation qui régulent le flux énergétique dans l'ensemble de l'organisme et relient entre eux tous les organes. Dans cette organisation du vivant, le corps et l'esprit sont en perpétuelle interaction, ce qui signifie que les émotions sont directement reliées au fonctionnement des organes traversés par l'énergie. Ainsi, par exemple, la colère prend sa source dans une mauvaise régulation du foie, la peur naît dans les reins et les poumons sont le siège de la tristesse. **L'état de l'âme et la santé de l'organe sont intimement liés.** Si l'on rétablit le courant énergétique qui traverse, par exemple, le méridien du foie, la personne régule sa colère et voit ses fonctions hépatiques remises d'aplomb.

Les Chinois, qui étaient des agriculteurs, comparaient le corps humain à un champ. Quand il est sec, il faut l'arroser ; quand il est trop humide, il faut le drainer. L'acupuncture, qui consiste à insérer de très fines aiguilles sur des endroits très précis le long des méridiens, sert à réguler et à contrôler l'énergie dans le corps, comme si on venait nettoyer le système d'irrigation du champ lorsqu'il est engorgé ou brisé. Lorsqu'il y a une douleur, une maladie, un mauvais comportement, cela signifie que l'énergie circule mal. Le travail de l'acupuncteur est donc de déblayer les méridiens pour rétablir une circulation fluide.

L'EFT que vous avez apprise remplit un rôle presque identique. Cependant, alors que l'acupuncture nécessite une pratique et une connaissance très pointues, **l'EFT est à la disposition de chacun, parce qu'elle est simple à utiliser et qu'elle ne demande aucune formation scientifique.** Il suffit de repérer les points d'entrée et de sortie des méridiens, d'y associer vos émotions et de les stimuler.

LES TROUBLES ALIMENTAIRES, UNE QUESTION D'ÉNERGIE

L'émotion négative est due à une perturbation du circuit énergétique corporel. Il suffit de rétablir le circuit et de réparer les connexions grillées pour mettre un terme à ces émotions qui vous font trop ou mal manger.

Cette pratique dite holistique, c'est-à-dire qu'elle traite l'être humain dans sa globalité, est basée sur les flux énergétiques et leurs conséquences sur notre organisme. Elle englobe les concepts énergétiques de Yin et de Yang, ainsi que celui du Qi (prononcez « tchi »). Nous pourrions dire que le Yin et le Yang sont deux polarités énergétiques complémentaires dont la confrontation provoque la naissance, le développement, l'apogée, le déclin et enfin la renaissance de toute chose vivante et dynamique dans l'univers. C'est l'éternel va-et-vient des transformations qui anime la vie. Le Qi, quant à lui, représente l'énergie vitale, c'est l'élan, le souffle qui anime tout être humain vivant et il est le résultat de la confrontation du Yin et du Yang. La médecine chinoise est née de la vision taoïste qui recherche l'harmonie, l'équilibre, le juste milieu entre ces deux énergies paradoxales.

Les méridiens : un réseau de transport d'énergie

Les méridiens forment un réseau de routes interconnectées à l'intérieur du corps, le long desquelles circule l'énergie. Celle-ci entre par un point, traverse le corps, puis ressort par un autre point. **Ce sont ces points d'entrée et de sortie que nous utilisons avec l'EFT.** Comme l'explique Donna Eden dans son livre *Médecine énergétique*, les méridiens apportent la vitalité et l'équilibre, retirent les blocages, ajustent le métabolisme et déterminent même la vitesse et la forme du changement cellulaire.

Les méridiens principaux sont au nombre de douze : 6 Yin et 6 Yang. Ils partent de l'extrémité des membres. Ainsi, comme le cours d'un fleuve dont ils sont la correspondance sur le corps, ils grossissent depuis leur source vers le centre du corps. Ils disposent de nombreux affluents, ou méridiens secondaires, et nourrissent de leur énergie la chair, les muscles, les organes internes et la totalité du corps. Ils portent le nom de l'organe ou du système (respiratoire, digestif, circulatoire, immunitaire, nerveux, hormonal, lymphatique, musculaire, ainsi que le squelette) qu'ils desservent, par exemple poumon, intestin grêle, cœur, rate, etc.

Les lignes médianes du corps sont parcourues par deux méridiens particuliers, qui sont deux voies énergétiques additionnelles : le vaisseau central et le vaisseau gouverneur. Ils se comportent comme les autres méridiens et sont donc considérés comme tels.

L'existence de ces voies de transport de l'énergie corporelle a longtemps été niée par la conception occidentale de l'anatomie ; en effet, ils ne sont pas détectables visuellement. Cependant, une expérience utilisant l'injection d'isotopes radioactifs – substance qui sert de révélateur – dans les points d'acupuncture a mis en évidence l'existence d'un ensemble de conduits très fins (0,5 à 1,5 micron d'épaisseur) qui, justement, se calquent parfaitement sur les tracés les plus anciens des méridiens...

Les points : un ensemble d'amplificateurs

Les méridiens relient un ensemble de points d'énergie qui sont autant de zones stratégiques permettant de dégager ou de redistribuer l'énergie. Ces points sont parfois comparés à des amplificateurs qui permettent de capter le signal énergétique et d'augmenter sa puissance afin qu'il puisse atteindre l'amplificateur suivant.

Les points les plus importants pour le traitement des énergies des méridiens par l'aiguille sont ceux situés près des extrémités.

L'insertion des aiguilles permet d'**équilibrer le Qi, l'énergie vitale**, dans le réseau des méridiens, stimulant ainsi tout le système d'autoguérison ainsi que les organes, dont le fonctionnement s'harmoniserait.

LE SAVIEZ-VOUS ?

Traditionnellement, on compte 365 points répartis sur les méridiens qui parcourent toute la surface du corps. Cependant, d'autres points ont par la suite été identifiés et, selon le modèle utilisé, on peut trouver jusqu'à plus de 2 000 points !

L'acupressure

L'acupressure est une **variante populaire et sans aiguilles de l'acupuncture.** (Elle a probablement précédé l'acupuncture, qui est plus contraignante à pratiquer en toute situation à cause de la spécificité des aiguilles.) On utilise avec cette technique la simple pression des doigts pour remplacer les aiguilles. Dans la médecine chinoise, le corps et l'esprit sont en perpétuelle interaction. Le corps est marqué par les émotions, et ce corps « marqué » ou douloureux conditionne en retour l'esprit. La circulation optimale de l'énergie vitale à travers notre corps, en dissolvant les blocages émotionnels et énergétiques, est le garant de notre santé physique et de notre esprit. L'acupressure, par des techniques comme le shiatsu, participe à cet objectif de santé et de bien-être et fait partie intégrante de la médecine chinoise.

DE LA TRADITION À LA MODERNITÉ

Dans un autre registre que la médecine chinoise, la **kinésiologie appliquée** démontre que le corps peut apporter des réponses très sûres lorsqu'on lui pose des questions. Il agit comme un véritable agent de renseignement, capable de transmettre des informations extrêmement justes, précises et datées ! Lorsqu'il est questionné, le corps ne ment pas ! Il réagit au stress, à la douleur, au plaisir, et tout ce que nous vivons, il le mémorise à sa façon. Dès lors, lorsque l'on veut savoir quelque chose, il est simple de le questionner précisément et selon un protocole simple pour obtenir un diagnostic exact (voir partie 3, chapitre 2 p. 165).

La kinésiologie a été élaborée au milieu du XXe siècle par le Dr Goodheart, un chiropracteur qui avait remarqué, lors d'expériences en 1939, que le corps, lorsqu'il est soumis à des influences extérieures bénéfiques, devient plus fort et qu'il s'affaiblit musculairement s'il est soumis à des stimuli négatifs. Le corps peut alors devenir un interlocuteur privilégié dans l'élaboration de son diagnostic puisqu'il peut répondre au travers des muscles. Grâce à ses découvertes, il a apporté une nouvelle compréhension de la chiropratique et du corps, pris comme un ensemble et dont un dérèglement local peut engendrer un déséquilibre général, rejoignant par là même le principe de la médecine chinoise.

Avec le test musculaire, appelé aussi test « énergétique », il devient possible de « poser » des questions au corps qui peut ainsi apporter des réponses à travers son langage musculaire et permettre de distinguer les blocages physiques ou émotionnels qui empêchent son bon fonctionnement.

En 1962, Goodheart découvre l'acupuncture par un livre publié par la société d'acupuncture de la Grande-Bretagne. Il voit alors dans cette technique une nouvelle dimension qui s'ouvre à lui en apportant un moyen de soigner ce qu'il avait diagnostiqué à l'aide de la kinésiologie appliquée.

Il explore alors cette voie et, dans un souci de vulgarisation, recherche un moyen de se passer d'aiguilles en appliquant une pression ou des stimulations répétées avec les doigts sur les points d'entrée des méridiens. Les résultats sont convaincants.

Ses travaux serviront de base de travail à John Diamond, un psychiatre australien qui met au point une nouvelle forme de thérapie, la « *behavioral kinesiology* » (kinésiologie béhavioriste) constituant une variante à la kinésiologie appliquée du Dr Goodheart en introduisant pour la première fois la formulation d'affirmations positives en même temps que la stimulation des méridiens afin de traiter des problèmes émotionnels.

Quel est le lien entre la médecine chinoise, la kinésiologie et l'EFT ? À vrai dire, comme souvent dans les découvertes, le hasard a bien fait les choses ! Au début des années 1980, le docteur en psychologie clinique Roger Callahan fut le premier surpris par un résultat qu'il n'imaginait pas du tout ! Alors qu'il suivait Mary, une patiente, depuis plus d'une année en utilisant sans grand succès tout son arsenal thérapeutique classique (thérapie centrée sur la personne, thérapie cognitive, thérapie comportementale, hypnose, relaxation, biofeedback, désensibilisation systématique, thérapie par l'exposition...), il mit le doigt sur une découverte.

Roger Callahan connaissait la tradition chinoise des méridiens, il connaissait également les travaux de Goodheart, mais pour Mary, rien jusqu'à présent n'avait contribué à éliminer sa phobie de l'eau. À l'idée de prendre une douche, elle frissonnait de terreur. Le simple fait d'apercevoir la piscine dans le jardin de son thérapeute provoquait chez Mary une forte angoisse, proche de la panique. Mais un jour, alors qu'ils travaillaient ensemble sur cette phobie, Mary lui précisa qu'elle « sentait de l'eau au creux de son estomac » et que cela la dérangeait. Le thérapeute lui proposa machinalement de se stimuler juste sous l'œil en pensant à l'eau. Il savait que cet endroit était l'un des points d'entrée du méridien de l'estomac et pensait qu'elle pourrait ainsi soulager sa tension. Mary fit comme il le lui avait demandé durant 2 minutes...

Une fois qu'elle eut fini, elle s'exclama avec étonnement : « C'est terminé, je n'ai plus cette sensation dans mon estomac ! »

Roger Callahan resta sceptique tant cela lui paraissait bien peu probable. Aussi, quand il la vit se lever et courir vers la piscine, il dut prendre la chose au sérieux... Il était très inquiet parce que Mary ne savait pas nager et il se mit à crier afin de l'empêcher de tomber dans l'eau.

Cependant, à sa grande surprise, et même si cela paraissait étrange, la peur de Mary avait bel et bien disparu ! Agenouillée au bord de la piscine, elle s'aspergeait le visage tout en rassurant son psychologue : « C'est parti, docteur, je n'ai plus peur de l'eau. » Le Dr Callahan venait de découvrir qu'**en stimulant un certain point tout en se concentrant sur sa phobie, il était possible de s'en libérer.**

DES ANNÉES 1980 À L'ORIGINE DE L'EFT : LA TCM

En partant de la kinésiologie appliquée, une nouvelle voie a donc été ouverte dans les années 1980 par le Dr Roger Callahan (*Stimulez votre guérisseur intérieur. La thérapie du champ mental : comment surmonter peurs, dépendances et perturbations émotionnelles*, Roger

J. Callahan et Richard Trubo, Guy Trédaniel Éditeur, 2003). Il a perfectionné la méthode en utilisant la procédure des stimulations tout en la combinant avec la concentration sur un problème émotionnel, et a ainsi donné naissance à une toute nouvelle thérapie. Il a découvert par hasard que, si une personne se concentre sur une peur précise, en combinaison avec des stimulations sur des points d'acupuncture, cette peur peut disparaître de façon définitive. Comme c'est souvent le cas, sa découverte est due à un hasard. Lui aussi avait cherché une solution pour ses patients du côté des méridiens. Après sa découverte lors du traitement de Mary et sa phobie de l'eau, il a poursuivi ses recherches en se servant de la kinésiologie appliquée afin de déterminer quels points d'acupuncture entraient en jeu pour tel et tel problème. Il a ainsi mis au point des séquences précises (des algorithmes) pour chaque émotion et a appelé sa méthode « les techniques de Callahan », pour finalement lui préférer le nom de « Thought Field Therapy » (thérapie par les champs de pensée, ou thérapie du champ mental – TCM), techniques avec lesquelles il a obtenu des résultats cliniques remarquables. Notons que la contribution de Roger Callahan est immense et que la technique de l'EFT puise toute son inspiration dans la TCM, depuis la mise en évidence de l'inversion psychologique* et son traitement, la manière d'évaluer l'intensité du problème et de se concentrer dessus, jusqu'au choix des points de tapping.

Cependant, malgré les résultats brillants et efficaces de la TCM, il subsistait quelques difficultés, notamment le fait d'avoir à apprendre un grand nombre d'algorithmes pour chaque cas à traiter. De plus, le test musculaire pour connaître les points d'acupuncture appropriés est une procédure un peu lourde et doit être effectué avec précision. Il ne s'agit donc pas d'une technique d'autoguérison.

La question s'est alors posée : pourquoi ne pas stimuler tous les points d'acupressure ? On pourrait alors être sûr de ne rien négliger et, en outre, faire l'économie du test musculaire. Plusieurs des élèves de Roger Callahan ont suivi ce raisonnement. Différentes approches ont

---

* Chez certaines personnes, les pensées négatives profondément enfouies entraînent une « inversion de polarité » dans le système énergétique, exactement comme si nos « piles » étaient à l'envers. Ce dysfonctionnement peut faire obstacle à la guérison, et c'est ce qui explique que ces personnes ne parviennent pas à régler leur problème bien qu'elles en aient l'envie réelle.

été élaborées et utilisées, comme l'Acutap du Dr Patricia Carrington, mais celle de Gary Craig a presque d'emblée apporté la réponse la plus complète en mettant au point un protocole de base intitulé EFT (pour *Emotional Freedom Techniques,* en français « techniques de libération émotionnelle »). Gary Craig, peut-être par sa formation d'ingénieur électricien, a eu l'idée de simplifier les différents algorithmes de la TCM pour aboutir à une seule et même ronde de stimulations qui fonctionne avec tous les problèmes.

LE PETIT + MALIN

Si vous comprenez l'anglais, vous pouvez accéder directement à la méthode de Gary Craig en scannant ce code ou en tapant l'adresse suivante dans la barre d'adresse de votre navigateur Internet : www.emofree.com/eft-tutorial/eft-tapping-tutorial.html?ref=608.

APRÈS L'EFT...

Depuis lors, cette technique évolue et les praticiens l'adaptent à leur sensibilité. Pour être différenciée de la technique originale qu'est l'EFT, l'abréviation MTT (*Meridian Tapping Techniques*, ou « techniques de tapotement des méridiens ») se développe aujourd'hui. Vous la rencontrerez certainement pour désigner l'ensemble des techniques qui découlent de la TCM et de l'EFT.

J'espère que ce guide synthétique vous aura permis de découvrir l'EFT et surtout vous aura donné l'envie de vous en servir grâce à ces quelques pistes concrètes et simples. Voilà maintenant une dizaine d'années que je m'en sers au quotidien avec mes patients bien sûr, mais aussi pour moi et ma famille, pour éliminer les petits tracas comme pour résoudre de plus gros problèmes. Gardez bien à l'esprit qu'il ne s'agit pas d'une panacée universelle. Méfiez-vous aussi des discours racoleurs venant de personnes qui vous promettent monts et merveilles avec telle ou telle technique à la mode, dont l'EFT. Je ne puis que vous encourager à mettre en pratique cet outil et à observer en toute objectivité les résultats que vous obtiendrez. Sachez également que certains gros traumatismes de la vie (surtout ceux qui arrivent très précocement) laissent des traces qu'il n'est pas possible de traiter seule(e), quelle que soit la technique employée. Heureusement, de nombreux professionnels de la santé mentale et physique se forment aujourd'hui à l'EFT (plusieurs listes de contacts sont disponibles sur Internet et notamment sur le site de l'IFPEC : www.ifpec.org).

TABLE DES MATIÈRES

10 VIDÉOS DE DÉMONSTRATION POUR DÉMARRER FACILEMENT

Dans ces vidéos, Jean-Michel Gurret vous montre en détail comment stimuler les bons points selon votre objectif. Une aide aussi précieuse que rassurante quand on débute !

Rendez-vous vite sur la page :

http://quotidienmalin.com/eft-malin

ou scannez ce code

Achevé d'imprimer par Novoprint
Dépôt légal : octobre 2014
Imprimé en Espagne